Erich Oberdorfer
Lebenserinnerungen des Pflanzensoziologen E. O.

Lebenserinnerungen des Pflanzensoziologen E. O.

Erich Oberdorfer

Mit 13 Abbildungen

Gustav Fischer Verlag Jena · Stuttgart

Umschlagseite: Aurikel (*Primula auricula*) am Hirschsprungfelsen im Höllental, Schwarzwald. Zeichnung E. O. 5. 4. 1923
Frontispiz: ERICH OBERDORFER am 5. 1. 1995 (Foto: K. RASBACH)

Anschrift des Autors
Prof. Dr. Dr. h. c. Erich Oberdorfer
Brunnstubenstraße 31
79111 Freiburg-St. Georgen

Die Deutsche Bibliothek – CIP-Einheitsaufnahme

Oberdorfer, Erich:
Lebenserinnerungen des Pflanzensoziologen E. O. / Erich Oberdorfer. – Jena ; Stuttgart : G. Fischer, 1995
ISBN 3-334-61004-7

© Gustav Fischer Verlag Jena, 1995
Villengang 2, D-07745 Jena

Das Werk einschließlich aller seiner Teile ist urheberrechtlich geschützt. Jede Verwertung außerhalb der engen Grenzen des Urheberrechtsgesetzes ist ohne Zustimmung des Verlages unzulässig und strafbar. Das gilt insbesondere für Vervielfältigungen, Übersetzungen, Mikroverfilmungen und die Einspeicherung und Verarbeitung in elektronischen Systemen.

Gesamtherstellung: Druckhaus Köthen GmbH

Printed in Germany

ISBN 3-334-61004-7

Lebenserinnerungen des Pflanzensoziologen E. O.

Den Wandel der Zeiten
Will ich begleiten,
Vieles vergeht –
Manches besteht
Und will doch wieder
Zweifel bereiten.
(Juli 1994)

Meine Eltern stammen aus dem Schwabenland, ich selbst bin in Freiburg geboren (1905) und aufgewachsen, habe aber sicher manches Schwäbische mitbekommen! Spintisierer gibt's genug in meiner weiteren Verwandtschaft, auch Botaniker (MARQUARDT, der Genetiker mütterlicherseits, BRECKLE, der Ökologe väterlicherseits). Mein eigener Hang zur Pflanzenwelt war etwas Vorbestimmtes, Schicksalhaftes. Es gibt eine Photoaufnahme aus dem Jahre 1908, auf der ich an der Hand meiner abenteuerlich gekleideten Eltern dem Photographen eine Margerite entgegenhalte. Ich weiß eigentlich nicht, was mich schon als Kind an der Pflanzenwelt so faszinierte – war es ein Gefühl für die Schönheit oder das Geheimnis und die Rätselhaftigkeit dieser Erscheinung?
Wenn ich so zurückdenke an die frühen Jahre meiner Schulzeit, zuerst Vorschule (Übungsschule des Lehrerseminars in der Schützenallee), dann Oberrealschule und ab der Untertertia Realgymnasium, so war es eigentlich ein gespaltenes Leben: auf der einen Seite ein normales Gassenbubenleben, auf der anderen Seite eine innige Freundschaft mit einem Alterskameraden (ERWIN SCHLEICHER), mit dem ich, durch Wald und Flur streifend, den Pflanzen nachging.
Überschattet wurde die Jugend unserer ganzen Generation durch Krieg und Not und politisches Chaos. Das begann für

mich Anfang August 1914, als ich mit meinem Reif durch die Straßen unseres Viertels – das Zuhause war die Scheffelstraße in der Nähe des alten Wiehrebahnhofs – lief, als plötzlich über meinem Kopf ein französischer Flieger erschien und wahllos mit einem Maschinengewehr in die Gegend knallte. Französische Flieger besuchten die Stadt immer wieder – anfänglich am Tage, später des Nachts, mit Bomben! Schaurig-schön stand eines Nachts, als wir aus dem Keller stiegen, ein Holzlager hinter dem Wiehrebahnhof in hellen Flammen. Eine Flakstellung war auf dem „Salzfässle" auf dem Schloßberg postiert. Die Splitter der Flakgranaten, die wir morgens auf der Straße aufsammelten, waren ein beliebtes Sammel- und Tauschobjekt. Im Februar 1917 wurde mein Vater zum Landsturm einberufen. Es war ein ungewöhnlich kalter Winter. Ich begleitete ihn zur Einberufungs-Sammelstelle im „Peterhof". Stundenlang stand ich am Gitter, um noch einen Blick des Vaters zu erhaschen – vergeblich. Völlig durchgefroren und tief verstört trat ich den Heimweg an, wo ich zu Hause eine weinende Mutter vorfand! Die Not war groß! Es gab ja damals noch kein „soziales Netz", so wie heute. Von der Möbelfirma Scherer (damals die größte Freiburgs), in der mein Vater als Buchhalter arbeitete, gab es einen kleinen Betrag, der nirgends hin reichte – zudem waren die Lebensmittel knapp geworden und das (schlechte) Brot war rationiert. So nahmen wir einen kleinen Buben (namens WILLI) eines unabkömmlich gestellten Witwers in Pension, der zwei Jahre lang die Rolle eines jüngeren Bruders für mich spielte.

Die Gassenbuben erhielten Verstärkung. Neuerdings hatte sich ein Bandenkrieg entwickelt zwischen den Bürgersöhnchen der Scheffelstraße, die auf die Oberschule gingen und damals noch von Klasse zu Klasse wechselnd farbige Käppchen trugen, und den vielen „Volksschülern" am „Sternwaldeck" – wir waren die „Käpplehengster" und die anderen die „Volksbollen"; eine Art Klassenkampf, der mit Prügelstecken ausgetragen wurde. Einmal rückten die „Volksbollen" mit alten Studentensäbeln an, was wir als äußerst unfair empfanden! Die Klassenkäppchen wurden nach dem Klassenaufstieg über das Bett gehängt. Natürlich gab es auch kriegsbedingte Spiele, auf einem brachen Bau-

Der dreijährige Erich mit den Eltern, dem Fotografen eine Margerite entgegenhaltend, Mai 1908, Foto: RICHARD OBERDORFER

grundstück wurden Schützengräben und qualmende Unterstände ausgehoben, bis sich die Nachbarschaft beklagte und die Polizei uns verjagte!

Sonntags ging man friedlich mit den Eltern, solange Vater noch zu Hause war, auf den Lorettoberg spazieren, lauschte dem fernen Grollen des Schlachtenlärms drüben in den Vogesen und beobachtete das Aufblitzen des Kanonenfeuers!

Daneben aber lief die heimliche und ganz persönliche Welt meiner Freundschaft mit ERWIN SCHLEICHER, der in der benachbarten Erwinstraße wohnte. Wir streiften durch die Wälder, entdeckten diese und jene Pflanze, z. B. den Lerchensporn (*Corydalis solida*) am Deicheleweiher, wo wir auch Stichlinge fischten, die zu Hause in großen Sterilisiergläsern gehalten wurden (wahrscheinlich eine elende Tierquälerei). Wir machten Wanderungen, z. B. auf den Feldberg, wo wir *Soldanella alpina* sahen und den gleichzeitig blühenden Seidelbast (*Daphne mezereum*), den ich, nach einem Vergleich mit der Alpenpflanzentafel des elterlichen Meyers-Lexikons, zunächst für eine Alpenrose hielt – das war eine fast unglaubliche Feststellung, die uns mächtig erregte, sich aber bald als holder Wahn entpuppte. In der Untertertia erwarb ich mir NEUBERGERS Flora von Freiburg (1912) und kreuzte mir alle Pflanzen an, deren Kenntnis ich mir allmählich erwarb; sie begleitete mich bis ins Studium! Und wir bestimmten in der Folge Pflanzen auch im Naturkunde-Unterricht, der von einem jungen Lehramtsassessor, DIERENBACH, der es gut mit uns verstand, abgehalten wurde. Er wollte uns am Ende des Schuljahres erklären, wie man einen Bestimmungsschlüssel aufbaut – dazu ist es aber dann nicht mehr gekommen, was mich maßlos enttäuschte – nun, es ging später auch ohne DIERENBACH!

Daneben gab es natürlich mancherlei naturkundliche Bücher, die ich bevorzugt verschlang – an eine KARL MAY-Periode kann ich mich nicht erinnern. Das KARL MAY-Fieber brach erst später aus, als unsere Kinder in die Schule gingen und uns ansteckten. Bevorzugt waren Kosmosbücher wie „Mutter Natur erzählt" von EWALD oder das populärwissenschaftliche MARSCHALL-Buch, das mir 1917 mein Vater aus Berlin schickte und das mich

in einem Artikel über die botanische Eiszeit-Relikt-Theorie aufklärte!
Außerdem begann ich Verse zu basteln. Mit meinen zwölf Jahren ging das dann so, z. B.

> *"Und den Freund an meiner Seite*
> *Wandre ich durch den Wald dahin"* usw.

oder:
> *"Glücklich ist der Mensch zu preisen*
> *Der die Soldanella fand*
> *Auf den schönen Schwarzwaldreisen*
> *An dem sumpf'gen Bachesrand."*

Das Gedicht über das Fettkraut (*Pinguicula*) begann:

> *"Bei der Alpersbacher Straße*
> *Sitzt 'ne Pflanz' im sumpf'gen Grase..."*

Später, in der Prima, als ich auch begann, Pflanzen zu zeichnen und zu aquarellieren, klang es dann ein wenig besser – So stand neben einer Blüte von *Leucojum*:

> *"Milchglöckchen, Schneeglöckchen Du,*
> *Gibst mir immer noch keine Ruh'*
> *Worte für tiefstes Empfinden,*
> *Wie kann ich die finden?"*

Viel Anregung erfuhr ich vom Elternhaus. Mein Vater war ein begeisterter Wanderer, Mitglied des Schwarzwaldvereins. Fast jeden Sonntag ging es mit den Eltern, wenn nicht auf den Schauinsland, dann mit der Bahn nach Himmelreich und von dort wechselweise auf die Nessellache oder auf den Hinterwaldkopf. Das war im Krieg so, und mit Unterbrechung der Landsturmzeit meines Vaters in Berlin von 1917 bis 1918 auch nach dem Kriege wieder. Von der Nessellache ging es nach Breitnau und von dort die Ravennaschlucht hinab zur Bahnstation Höllsteig. Beim Aufstieg auf den Hinterwaldkopf wurden zwischen dem Holzeck und der Höfner Hütte Wacholderbeeren gesammelt oder ein Sträußchen mit Katzenpfötchen (*Antennaria*) gemacht. Eingekehrt wurde auf der Südseite des Hinterwaldkopfes in

einem Hof, der einer kinderreichen Familie ZÄHRINGER gehörte. Mein Spezi war der gleichaltrige PHILIPP, der den Hütebub spielte und mit dem ich die „Hinterwälder Kühe" auf die Viehweide am „Kopf" trieb. In alten Brunnentrögen wurde gebadet. Unterdessen lagerten meine Eltern am Wald oberhalb des Bauernhauses, an dessen Rand ich *Potentilla aurea*, die ich vom Feldberg her kannte, entdeckte! Der Abstieg erfolgte meist über Weilersbach und den Giersberg nach Kirchzarten.
Mit dem Ende des Krieges normalisierte sich wieder der Schulbetrieb. Wir waren bis dahin in den Hörsälen der „neuen" Universität (Kollegiengebäude I) an der Rempartstraße unterrichtet worden. Es gab immer wieder Unterbrechungen und Ausfälle. So bekam ich z. B. überhaupt keinen Musikunterricht. Endlich (1919) wurden die alten Schulgebäude, die bis dahin als Lazarette genutzt worden waren, wieder frei, und wir konnten in das Realgymnasiumsgebäude an der Wölflinstraße/Habsburgerstraße (damals Zähringerstraße) einziehen. Tagelang verfolgten wir als Buben das Zurückfluten der deutschen Truppen durch die Talstraße, mit den ersten Lastwagen. In meiner Kindheit, vor dem Krieg, sah man nur Pferdedroschken in der Stadt!
Die Republik war ausgerufen! Mein Vater kam aus Berlin zurück und hatte Skrupel, ob er seinem Kaiser den Eid brechen dürfte. Die Revolutionsbegeisterung war gedämpft, zumal die Franzosen und Engländer hart reagierten und wir noch einige Jahre zu hungern hatten. Immer noch mußte gehamstert werden. Man zog zu Fuß durch den Mooswald nach Opfingen zu einem uns bekannten Bauern, und ich mußte wöchentlich nach Gottenheim fahren, um Milch bei einem anderen Bauern zu holen. In der Schule gab es auch einige Aufregung! Die Primaner verhandelten mit der Direktion über die Bildung eines Schülerbeirats. Der Unterricht fiel aus, und wir Jüngeren hingen an den Treppengeländern und verfolgten aufgeregt das Geschehen.
Zwar konnte mein Vater seine Stelle bei Scherer wieder übernehmen, aber das Geld war knapp, zumal inzwischen die Inflation eingesetzt hatte. Mein Vater drängte wiederholt, ich solle doch die Schule verlassen und ins Kaufmanns- oder Bankfach gehen. Aber natürlich wollte ich Biologie studieren, auf Biegen und

Brechen, und hatte dabei einen mächtigen Verbündeten, meinen Onkel RICHARD in Tübingen, einen jüngeren Bruder meines Vaters, der Geologie studiert, bei SAUER in Stuttgart promoviert hatte und zuletzt Professor an einem Gymnasium in Tübingen war. Im Krieg war er Heeresgeologe, lag an der Front im Sundgau und besuchte uns manchmal während dieser Zeit an Urlaubstagen in Freiburg. Er unterstützte meinen Eltern gegenüber immer wieder meinen Wunsch nach einem Biologie-Studium. Übrigens meinte meine Mutter gelegentlich, ich könnte auch einen guten Pfarrer abgeben, zumal ich stark liiert war mit einem Bibelkränzchen (dann Bibelkreis) und dazu oft die Herrenstraße hinab zum Vereinshaus in der Hermannstraße pilgerte.
Aber als ich Primaner wurde, kam manches anders! Ich wechselte z. B. die Vereinstätigkeit, verließ den Bibelkreis und trat (von der Mutter befürwortet) dem gerade in Freiburg neu gegründeten Schwimmsportverein bei. Neue Freunde tauchten auf – ERWIN SCHLEICHER, der ins damals „humanistische Bertholdsgymnasium" ging, später Zahnmedizin studierte, trat in den Hintergrund, obwohl es noch 1923 in einer Tagebuchnotiz heißt: „Heimweh nach ERWIN". Ich habe ihn ganz aus den Augen verloren und nie wieder etwas von ihm gehört. An seine Stelle traten zwei Klassen- und Sportkameraden. In erster Linie FRITZ EGGERT, der dann auch mit mir studierte und seine Examina machte. HERMANN SUTTER, der in der Schule immer neben mir saß und als erster eine Armbanduhr trug – EMIL CHARISIUS, der mich auf dem Schulweg begleitete und mit dem ich oft wanderte. Er holte mich jeden Morgen zum Schulgang ab, der oft zweimal am Tage den langen Weg von der Wiehre über die Herren- und Karlstraße zu unserer Schule, dem Realgymnasium (heute Keplergymnasium) führte, zu Fuß! Keiner von uns Schülern hatte ein Rad! Das konnte ich mir erst im ersten Semester leisten, als es galt, den noch längeren Weg von der Scheffelstraße bis zum Botanischen Institut und die Kreuz- und Querfahrten zu den verschiedenen anderen naturwissenschaftlichen Instituten zu bewältigen! HERMANN und EMIL waren Pfadfinder, und so kam ich auch oft mit ihnen, etwa bei gemeinsamen Skifahrten, auf die Pfadfinderhütte bei Hinterzarten, wo

ich einmal ehrfürchtig den „Onkel THEO", wie er hieß, beobachten konnte, das war der „jugendbewegte" Moosprofessor THEODOR HERZOG aus Jena. Einen Kontakt zu suchen wagte ich nicht. Aber in seinen letzten Lebensjahren bestimmte er mir noch die Lebermoose, die ich 1958 in Südamerika gesammelt hatte.
Meine sportliche Leidenschaft gehörte dem Schwimmsportverein, wo ich mich besonders den Gebrüdern LEXER, dem EW (ERNST-WOLFGANG) und GERNOT, den Söhnen des berühmten Chirurgen an der Freiburger Universität, anschloß. GERNOT verunglückte früh beim Klettern in den Alpen, nachdem der Vater inzwischen nach München berufen worden war. „EW" heiratete die Tochter des Besitzers des „Feldberger Hofes", praktizierte dort sein ganzes ferneres Leben, hatte einen Lehrauftrag für plastische Chirurgie an der Freiburger Universität. Ich begegnete ihm immer wieder, noch nach dem Zweiten Weltkrieg, wenn ich von Karlsruhe nach Freiburg oder zum Skifahren auf den Feldberg kam!
Aber ich greife vor, noch war ich Primaner, trainierte hart im Sportverein, meine Spezialität war Brustschwimmen, wo ich es für 100 m auf eine für damalige Maßstäbe ganz anständige Zeit brachte. In der Jugendgruppe war ein HANS ELCHLEPP (Buchhändlersohn), der unserer Jugendgruppe einen jugendbewegten Anstrich gab, zum Leidwesen unseres Vereinsgründers und Vorsitzenden Prof. STÜHMER, eines Dermatologen, der, von Magdeburg kommend, der damaligen Schwimmerhochburg, einen Ruf an die Hautklinik der Universität Freiburg erhalten hatte. Wir suchten die Nähe der „Adler und Falken" oder der „Pfadfinder", es gab Dichterlesungen bei KOTZDE-KOTTENROTH oder Diskussionen mit dem Philosophen MEHLIS von der Universität. Es gab Wanderungen und Sonnwendfeiern. – Mit den alten Herren (zu denen auch GOLDSCHAGG gehörte) bauten wir, jeden Sonntag unterwegs, aus Barackenteilen ein Schwimmerheim am Titisee (auf einem Grundstück, das STÜHMER erworben hatte). ELCHLEPP ging später zur „Reichswehr" und ist 1942 als 1 A von PAULUS in Stalingrad gefallen. Ich war dann selbst Jugendwart, bis ich im Sommersemester 1924 nach Tübingen ging. – Aber das alles hinderte nicht, meiner botanischen Leidenschaft zu

frönen. Da gab es in der Schule die botanischen Arbeitskreise (freiwillig, nachmittags) von Prof. MOSER oder eine vom Oberprimaner RUDY im Namen des Badischen Landesvereins für Naturkunde und Naturschutz geleitete Arbeitsgruppe. Da erschien gerade von OLTMANNS das „Pflanzenleben des Schwarzwaldes" (herausgegeben vom Schwarzwaldverein). Ich begann im Stile von OLTMANNS ein Tagebuch anzulegen, mit einer Aufzählung der auf Wanderungen beobachteten Pflanzen. Aber ich war kein Sammlertyp. Ein Herbar anzulegen lag mir nicht. Das entwickelte sich erst viel später, auf botanischen Expeditionen und Exkursionen – und ich pflegte nie so viel „einzulegen" wie das andere taten. Mein Ziel war ein anderes, „geobotanisches" würde man heute sagen! Auch beeindruckte mich schon als Schüler das Naturschutz-Buch von KONRAD GUENTHER („Der Naturschutz", 1910, Freiburg i. Br.), das schon den Großteil der Gedanken enthält, die heute einer breiteren Öffentlichkeit bewußt geworden sind und um die immer noch gerungen wird. Dazu kamen die Bücher von H. LÖNS. Als Oberprimaner wünschte ich mir zu Weihnachten von meinen Eltern den „STRASBURGER", das Lehrbuch für Botanik.

Endlich war am 13. 3. 1923 das Abitur geschafft. Es war kurz vor meinem 18. Geburtstag. Und es war gerade kein glänzendes Zeugnis. Zwar war ich in den mathematisch-naturwissenschaftlichen Fächern durchweg gut, aber bei mangelnder Sprachbegabung sah es bei den Sprachen von Latein bis Englisch schlechter aus.

Das erste Studienjahr war ein ereignisreiches Jahr. Mein botanisches Tagebuch hatte sich inzwischen zu einem allgemeinen Tagebuch ausgewachsen, so daß ich jetzt die Ereignisse besser verfolgen und rekonstruieren kann.

Ich kam erstmals, und das gleich zweimal, in die Alpen! Durch meine Pflanzenkenntnisse war ich dem Ordinarius, Prof. OLTMANNS, aufgefallen, so daß ich trotz meines Erstsemesters an der großen Schlußexkursion Ende Juli nach der Freiburger Hütte in Vorarlberg teilnehmen durfte. Zuvor unterzog mich der „Chef" aber noch einer Prüfung, indem er mich durch den Botanischen Garten führte und sich die Unkräuter, die am

Wege wuchsen, benennen ließ! ZIMMERMANN (später Extraordinarius in Tübingen) als Assistent war mit von der Partie. Und der schon über 60jährige OLTMANNS immer vorneweg auf langen Märschen! Und gleich anschließend startete die Jugendgruppe des Schwimmsportvereins unter Führung von REICHMANN, einem ehemaligen Berufsoffizier, mit drei „Ulmer Schachteln" zu einer Donaufahrt nach Wien und von dort zu einer weiteren Fahrt durch das Salzkammergut! Ich war Pressereferent und „Sonderberichterstatter" der Freiburger Zeitung, die auch alle meine Berichte ungekürzt übernahm. Mein erstes Gedrucktes! Und wir gerieten gerade in den Höhepunkt der galoppierenden Inflation jener Zeit. In Passau erhielt ich im August 1923 für die 50 Mark, die mir meine Eltern mitgegeben hatten, gerade noch einen kleinen Marmelade-Eimer. Wir standen also mittellos da! Aber wir hatten ein Kasperletheater dabei! In Wien zeigten wir erstmals unsere Künste, ich vor allem mit Faust und Mephisto in einer Person mit jeweils verstellter Stimme, beim „Bund der Reichsdeutschen". – Man sammelte für uns! Gerade recht kamen wir auch in die Kurorte St. Wolfgang, Bad Ischl, St. Gilgen, Kitzbühel und Zell am See, wo wir einem verehrten Publikum, morgens in den Gassen angesagt, abends in den jeweils berühmtesten Gaststätten unseren „Faust" zeigten. Ich wurde vor die „Bühne" geklatscht und war ein „gefeierter Schauspieler". Auch organisierten wir Schauschwimmen, das jeweils von uns aktiven Schwimmern, einmal war auch ich an der Reihe, abgewickelt wurde. In jungen Jahren glaubt man oft, jeder Art von Tätigkeit gewachsen zu sein! Auch ich konnte mir jegliche berufliche Laufbahn vorstellen, außer der juristischen, wobei ich heute noch meine Schwierigkeiten mit unseren botanischen Nomenklatur-Juristen habe. Ich war ein Mensch der Anschauung, weshalb später auch GOETHE meine bevorzugte Lektüre war. Aber natürlich übersah ich bei solchen „Geniegefühlen" nicht, daß die Botanik mein Schicksal war! Sorgfältig notierte ich im Tagebuch der Reise neben dem täglichen Temperaturgang (schon als Primaner bezog ich die Wetterkarte) die Pflanzen, die mir neu waren oder sonst auffielen, z.B. an der Donau das Pfeilkraut

(*Sagittaria*), in Wien in unserem Lager auf einer Sandbank bei einem Bootsverein, in der Nähe der „Reichsbrücke", die *Scabiosa ochroleuca*, in St. Wolfgang entzückten mich bei einem Ausflug auf den Schafberg die gerade im Buchenwald üppig blühenden Alpenveilchen. Über Besichtigungsstationen in Innsbruck und Lindau kehrten wir, gesättigt von Erfahrungen jeder Art, nach Freiburg zurück.

Im zweiten Sommersemester 1924 lud mich der schon genannte Onkel RICHARD nach Tübingen ein. Ich konnte bei ihm logieren, die liebe Tante TRUDE (noch kinderlos) betreute mich! Des Onkels Bemühen, mich für seine Wingolf-Verbindung zu gewinnen, schlug allerdings fehl, trotz einiger Bierabende und eines Exbummels. Dafür fühlte ich mich zu jugendbewegt, zu „modern". Politisch war ich von „Weimar" geprägt. Als ich zum ersten Mal bei der Präsidentenwahl wählen durfte (1924), entschied ich mich nicht, wie etwa mein Vater, für HINDENBURG, sondern für den Kandidaten der Demokraten, den Psychiater aus Heidelberg, Prof. HELLPACH. Danach knüpften sich meine politischen Hoffnungen an die Person STRESEMANNS.

In Tübingen betrieb ich nur wenig Botanik. Der dortige Ordinarius LEHMANN behagte mir nicht. Ich belegte zwar „Führungen" durch den Botanischen Garten, schloß aber, was mir noch am Chemie-Pensum fehlte, durch ein Praktikum in organischer Chemie ab. Auch faszinierte mich die fesselnd von Prof. HENNIG dargebotene Geologie. – Ich beteiligte mich an allen seinen geologischen Exkursionen nach nah und fern. Natürlich botanisierte ich privat in der nahe gelegenen Schwäbischen Alb, die ich schon ein wenig von früheren Ferienaufenthalten bei einer Tante in Oberlenningen kannte. Und schloß mich (einen Sommer lang) etwas an einen originellen Kommilitonen an, RÖMPP mit Namen, der später durch ein Chemie-Lexikon bekannt wurde.

Dann nahm ich mein Studium wieder in Freiburg auf! Es galt, die Großpraktika in Botanik und Zoologie (bei SPEMANN) zu absolvieren. Dazu kamen im Sommer erfahrungsreiche Großexkursionen mit OLTMANNS, z. B. über den Vierwaldstätter See (zu *Hypericum coris* an der Axenstraße) und nach Engelberg oder nach Domodossola und über den Simplon ins Wallis (zu *Ephedra* und zu den Trockenrasen an den Follatères) und schließlich nach Lausanne. Für den Extraordinarius PETER STARK (den sein Freund, der Maler FRANKE, begleitete) galt es, dessen Lieblingszigarre, die „Brisago", durch den Schweizer Zoll zu schmuggeln, indem sie unter die Studenten verteilt wurden. Immer mit dabei war Freund EGGERT, der später mit mir promovierte und das Staatsexamen bestand. Er heiratete eine Mitdoktorandin und ging mit ihr nach Hamburg. Leider fiel er 1940 als Wachsoldat bei einem Fliegerangriff in Calais. – EGGERT war ein musikalisch hochbegabter Mensch und hatte eine gute Baßstimme. Unvergeßlich sein „Ridi Bajazzo..." oder sein „Wotan" aus WAGNERS Ring. Er (mit mir) bewarb sich um die Teilnahme am Chor des Freiburger Stadttheaters – während er avancierte, bestand ich „natürlich", da musikalisch wenig begabt, die notwendigen Proben nicht. Aber er bekam Freikarten, von denen auch ich profitierte. Wir waren eifrige Theater- und Konzertbesucher. Das Theater, schrieb ich damals in mein Tagebuch, sei das „eigentliche Leben". Mit dabei war auch oft mein alter Klassenkamerad HERMANN SUTTER, der bei WIELAND (später Nobelpreisträger) Chemie studierte und mit ihm nach München ging. Dort besuchte ich ihn einmal und lernte also München kennen. Wir hörten RINGELNATZ im „Simplizissimus", besuchten das Schwabinger „Rotlicht"-Milieu (harmlos) oder erkundeten auf SUTTERS neu erstandener BMW die nähere Umgebung der Stadt. SUTTER stammte aus großbürgerlichem, vermögendem Haus. Die Mutter pflegte einen „biedermeierlichen Salon". Wir waren oft eingeladen. Es wurde ausgiebig philosophiert oder neuere Literatur besprochen, z.B. THOMAS MANN, H. HESSE, OSW. SPENGLER, auch E. KRETSCHMER oder S. FREUD, alles Autoren, die mich ein langes Leben lang immer wieder beschäftigt oder fasziniert haben. Mit dabei waren gelegentlich der Bildhauer RICKERT (Sohn des Heidelberger Philosophen), von dem die „trauernde Mutter" vor der Universität (Kollegiengebäude I, Werthmannplatz) stammt, der Musikus WEISSMANN (Enkel des Zoologen WEISSMANN) und dessen Schwester, eine Tänzerin, die uns mit Solo-Vorführungen tief be-

eindruckte. Im Hof des Anwesens in der Marienstraße wurde Sport getrieben (ohne Freund EGGERT, der Sport verabscheute): Kugelstoßen, Speerwerfen und dergleichen. Meine aktive Mitarbeit beim Schwimmsportverein hatte ich nach der Tübinger Zeit aufgegeben, obwohl ich im späteren Leben (mit den Unterbrechungen durch Krieg und Gefangenschaft) immer bemüht war, wenigstens einmal in der Woche meine 100 m Brust (mit denen ich einst geglänzt hatte) zu schwimmen.
Aber es gab auch übermütige, ausgelassene Stunden, an denen ich mit Freund EGGERT an Fasnacht bis in die Morgenstunden durch die Freiburger Lokale zog, z. B. Hotel Kopf, Café Museum, Römischer Kaiser – Lokale, die heute alle nicht mehr existieren.
Inzwischen bekam ich mein Promotionsthema, das davon ausging, daß es am Bodensee an den Felsabstürzen des Überlinger Sees bei der Marienschlucht, wie sonst nur vom Meer bekannt, in größerer Tiefe unter der Grünalgenzone auch eine Rotalgenzone gab – das war eine Entdeckung unseres Assistenten ZIMMERMANN. Ich sollte in umfassender Weise den Zusammenhang der Lichtverhältnisse mit der Algenflora im Süßwassersee Bodensee erforschen. Als Standort für die Arbeit bot sich die gerade auf Initiative von Prof. AUERBACH (Direktor der Landessammlungen für Naturkunde in Karlsruhe) und OLTMANNS von der Stadt Konstanz eingerichtete „Anstalt für Bodenseeforschung" in (Konstanz-) Staad an. Unser Institutstechniker (BARTMANN) baute ein Lichtmeßgerät!
Aber da ergab sich für mich ein dramatischer Rückschlag! Ich erkrankte im September 1926 an einem durchgebrochenen Blinddarm. Es ging tagelang auf Leben und Tod, obwohl meine LEXER-Freunde sofort ihren Vater alarmierten, der sich um mich in der „Chirurgie" der Universitätsklinik kümmerte. Es gab damals noch keine Antibiotika. Die Genesung war sehr langwierig und zog sich über viele Wochen hin. Immer schwebte mir dabei DÜRERS „Ritter, Tod und Teufel" vor Augen. Ich verlor dadurch ein ganzes Semester, konnte mich aber im Frühjahr 1927 an die Arbeit in Staad machen, wo übrigens nebenamtlich der Gymnasialprofessor SCHMALZ arbeitete, der mich in den ersten Tagen

meines Dortseins zur gerade blühenden und heute verschollenen *Saxifraga oppositifolia* am Horn führte!
Mein Aufenthalt in Staad war mit einem großen finanziellen Problem verbunden. Meine Eltern hatten ihr Vermögen in der Inflation und mein Vater gerade seine Stelle bei Scherer verloren, mußte sich also eine neue Existenz aufbauen. Zwar verschaffte mir OLTMANNS ein kleines Stipendium von der Notgemeinschaft der deutschen Wissenschaft (Vorgänger der Deutschen Forschungsgemeinschaft), aber es war zu wenig zum Leben. – Ich hungerte und fror bei meiner Arbeit, da ich auch mit Kohlen sparen mußte. Aber ich wurde ein guter Kenner der einheimischen Süßwasseralgen, der Grün- und Rotalgen, der Diatomeen; leider gingen alle diese Kenntnisse später verloren. Konstanz wurde mir zu einer Art zweiter Heimat. Eindrucksvoll war mir ein Besuch von C. SCHRÖTER aus Zürich, ein alter, würdiger Professor mit weißem Vollbart, mit dem ich mich über meine Probleme unterhalten konnte. Er war ein Vater der Bodenseeforschung und gehörte zugleich zu den Vätern der Pflanzensoziologie!
Im Freiburger Botanischen Institut hatte es inzwischen einige Veränderungen gegeben. An die Stelle von Prof. STARK, der einen Ruf nach Frankfurt erhalten hatte, war als „Extraordinarius" für die Forstbotanik Prof. RAWITSCHER getreten. Zu den sonntäglichen Ski-Wanderungen war zu ZIMMERMANN nun auch RAWITSCHER gestoßen, der elegante Telemarks schwingen konnte. Einmal begegnete uns auch zufällig beim Feldberger Hof der Privatdozent HEINRICH WALTER, der von Heidelberg zum Skifahren auf den Feldberg gekommen war. Als erster Assistent erschien neu BRUNO HUBER, der spätere Baumphysiologe in München, der insbesondere meine Doktorarbeit betreute und dem ich manches zu verdanken habe. Ich war sein erster Schüler! Und was es heute wohl kaum mehr gibt, war damals allgemein Brauch: die Doktoranden waren von ihren Lehrern immer wieder einmal zu mancher fröhlichen Geselligkeit eingeladen. Ich erinnere mich an schöne Abende, nicht nur bei OLTMANNS (1926/27), der als Junggeselle von seiner Schwester, „unserer Tante LOTTE", betreut wurde, sondern auch bei RAWITSCHER

oder beim Zoologen SPEMANN (dem späteren Nobelpreisträger).
Im Jahre 1927 trat auch ein mein ferneres Leben bestimmendes Ereignis ein. Ich verliebte mich in eine KLÄRE BARTH, die, von Kiel kommend, wo sie das chemische Verbandsexamen hinter sich gebracht hatte, auf Biologie umsatteln wollte! Ich kannte sie flüchtig aus früheren Jahren, als sie in einer Parallelklasse auch 1923 mit uns das Abitur machte. Sie fesselte durch ihre liebe, gütige Art, verbunden mit einiger Nüchternheit und praktischem Sinn – das war es, was ich brauchte! Eine starke Liebe hat uns durch ein langes Leben getragen. Aber die Sache war zunächst nicht so einfach. Ich hatte einen Mitbewerber, den Assistenten EMIL WEHRLE, den ich schon lange als Nachbarskind kannte. (Er war später im Schuldienst und ist nach dem Krieg durch biologische Schullehrbücher bekannt geworden.) Es gab, ob des Konflikts, einmal ein gemeinsames Besäufnis der Konkurrenten in der „Harmonie" in der Grünwälderstraße! Aber die KLÄRE BARTH hat sich dann letztlich doch für mich entschieden. Das befestigte sich vor allem bei der Teilnahme an dem vier Wochen dauernden Algenkurs auf Helgoland, den OLTMANNS für die deutschen botanischen Institute (mit beschränkter Teilnehmerzahl) jährlich veranstaltete. Für Freiburger Teilnehmer (nur ältere Semester hatten die Ehre und das Vergnügen, dabei sein zu dürfen) ging eine zweiwöchige Exkursion nach Sylt, Amrum usw. voraus. Mitstreiter, an die wir uns besonders anschlossen, waren EGGERT, EBERHARD SCHMIDT und eine MAGDA WOIT aus Berlin, die, frisch beim bekannten Botaniker HABERLANDT promoviert, noch etwas beim damals deutschen „Algenpapst" OLTMANNS dazulernen wollte. Sie lernte dabei auch den mit OLTMANNS befreundeten, auch botanisch interessierten Chemiker STAUDINGER (später als Vater der Kunststoffe mit dem Nobelpreis ausgezeichnet) kennen, der gerade nach Freiburg berufen und seit einigen Jahren geschieden war und sich dann MAGDA als zweite Frau nahm! Teilnehmer des Kurses war auch der später bekannt gewordene Botaniker MOTHES.
Der Kurs löste sich nach sechswöchiger Arbeit in Bremerhaven auf. – KLÄRE und ich besuchten, verbunden mit einer Rhein-

dampferfahrt, noch KLÄRES Schwester MARTHA in Essen, die mit uns einen Bergwerksbesuch veranstaltete, und ihre Freundinnen HANNA KOSSEL und GRETE LINZ-NEEFF.

Es nahte der Termin der Promotion im Februar 1928 (kurz vor meinem 24. Geburtstag). Es war kein sehr glücklicher Tag. OLTMANNS litt (wieder einmal) unter dem Ischias-„Zipperlein". Die Prüfung fand also in dessen Wohnung statt, im Beisein von SPEMANN mit einem zoologischen Kandidaten, den OLTMANNS durchfallen ließ. Entsprechend trüb war dann natürlich die Stimmung, als ich zur Prüfung bei SPEMANN antrat. Es gab einige gewollte oder ungewollte Mißverständnisse! OLTMANNS wollte mir ein „Summa cum" geben, infolge des Einspruchs von SPEMANN kam es dann „nur" zu einem Magna cum laude. – Das sollte später noch eine Rolle spielen!

Nun galt es, sich für das Staatsexamen vorzubereiten, zu dem wir uns (KLÄRE und ich) für den Herbst 1928 angemeldet hatten. Es war ein schöner Sommer, wir lagen auf der Liegewiese des mir aus Wettkampftagen vertrauten Lorettobades und versuchten zu lernen. Aber da galt es auch bereits, die Korrekturen für meine Dissertation zu lesen, die schon in diesem Jahr in Druck gegangen war. Eine kleine Arbeit über *Cotoneaster integerrimus* am Feldberg und das dortige Problem der Kalkpflanzen war übrigens 1927 meine erste botanische Publikation. Zum Staatsexamen, das im Kultusministerium stattfand, mußten wir nach Karlsruhe fahren, wo wir uns (durch Vermittlung KLÄRES) im Evangelischen Oberkirchenrat einquartieren konnten. Die Prüfung zog sich über viele Wochen hin. Wir benutzten die Zwischenzeiten für Ausflüge, besuchten z. B. Baden-Baden. Nachdem alles mit „gut" überstanden war, besuchten wir im Frühjahr die schwäbische Verwandtschaft, die Braut und der Bräutigam mußten doch vorgestellt werden! KLÄRE hatte sich zum Leidwesen ihrer Eltern ihre schönen blonden Zöpfe abschneiden lassen und sich einen Bubikopf à la POLA NEGRI (der damals beliebten Stummfilmschauspielerin) zugelegt. Da gerade ein Flugdienst von Freiburg nach Stuttgart eingerichtet worden war, benützten wir die offene, nur 3- oder 4-sitzige Junkersmaschine. Es war unser erstes, etwas unsanftes Flugabenteuer!

Dann traten wir unseren Referendardienst an, der erstmals in Baden für die Oberschulen eingerichtet war. Es war ein anfänglich deprimierender Zustand. Da saßen die gestandenen Akademiker mit ihren hochfliegenden wissenschaftlichen Ideen wieder in ihren alten Schulbänken, vor ihrem alten Lehrer, dem „Geheimrat MARTIN", und mußten sich über das badische Beamtenrecht oder über pädagogische Themen belehren lassen. Etwas besser war es dann, als ich einem „einführenden Lehrer", Prof. MORATH an der Rotteck-Oberrealschule, zugeteilt wurde und KLÄRE dem Prof. LAIS in der Mädchenoberschule am Holzmarktplatz. Sie war dort bei den Schülerinnen die „stud. HELEN WILLFÜHR", nach einem Chemiker-Roman von VICKI BAUM, der gerade die Gemüter bewegte. Ich selbst konnte bei MORATH mit der Drosophila-Fliege experimentieren für eine Prüfungsarbeit über die Möglichkeit, die gerade moderne Vererbungslehre im Unterricht einzuführen. Nach Abschluß der Prüfung im Frühjahr 1930 konnten wir uns zwar Lehramtsassessor nennen, aber wir standen vor dem Nichts, da wir keine Stelle bekamen. Inzwischen nämlich hatte die Wirtschaftskrise ihren Höhepunkt erreicht, die zu einer verheerenden Arbeitslosigkeit führte. Die Wirtschaft war ruiniert, vor allem durch die hohen Kriegsschulden, die wir an Frankreich und England abzuführen hatten. Alle amerikanischen Anleihen, die auch wieder zusätzlichen Zinsendienst bedeuteten, waren umsonst. Es herrschte eine revolutionäre Stimmung. KLÄRE fand eine Stelle an einer Privatschule, ich hielt an der Volkshochschule eine botanische Vorlesung und führte Exkursionen, auch als Hilfskraft für Anfänger des Botanischen Institutes. Für den Herder-Verlag konnte ich die botanischen Stichworte für das neue Herder-Lexikon bearbeiten.
Aber dann eröffnete sich für mich eine neue Perspektive! Es ging um das Schluchseemoor, das schönste und größte Schwarzwaldmoor, das für ein geplantes Schluchseestauwerk überflutet werden sollte. Vergeblich hatte sich der Landesverein für Naturkunde und Naturschutz, allen voran Prof. LAIS, gegen das Vorhaben gewehrt. Da sollte wenigstens das Hochmoor noch einer Dokumentation zugeführt werden, fanden die Professoren LAU-

TERBORN und OLTMANNS. Man betraute mich mit dieser Aufgabe und vermittelte ein kleines Stipendium dafür bei der Notgemeinschaft der deutschen Wissenschaft. Ich quartierte mich also mit meiner „Braut" (heute würde man sagen: „Freundin") zeitweise bei einem Bauern in Altglashütten ein, wir fuhren mit dem Rad nach Aha hinüber und studierten von dort aus das wunderschöne Hochmoor mit seinen stimmungsvollen Landschaftsbildern. – Und damit begann für mich die „Pflanzensoziologie"! Damals war gerade die große Arbeit über die Vegetation des Hochmoors Komosse (Schweden) von OSVALD erschienen, die nach der Dominanz-Methode von DU RIETZ vorging. Ich versuchte auch, Quadrate auszulegen (verbunden mit pH-Messungen) – aber das Verfahren befriedigte mich nicht! Ich tat mich also weiter um, studierte die Arbeiten von H. GAMS oder R. NORDHAGEN, schließlich die gerade erschienene „Pflanzensoziologie" von BRAUN-BLANQUET sowie die Arbeit von WALO KOCH über die Linthebene (die man auch heute noch wegen ihrer grundsätzlichen Konzeption nur immer wieder empfehlen kann), begleitete meinen Studienfreund H. SLEUMER (der bei RAWITSCHER promovierte und an Lehrgängen BRAUN-BLANQUETs teilgenommen hatte) in den Kaiserstuhl, wo er eine pflanzensoziologische Arbeit über ein vom „Landesverein" geplantes Kaiserstuhlbuch vorbereitete. – Die Entdeckung der „Charakterartenmethode" stellte für mich eine Art Erlösung dar. Sie schien mir der einzig sinnvolle Weg, die Vegetation nach ihrem gesamtfloristischen Aspekt und der „charakteristischen Artenkombination" zu gliedern und zu typisieren. Man muß bei guter Florenkenntnis allerdings einen Blick für die sich gleichartig wiederholenden, also typisierbaren und gestuft auftretenden Vegetationsbilder und ihre Kennarten haben. Es ist ein Irrtum zu glauben, daß ein solches Verfahren rein mathematisch zu bewältigen sei. Schließlich machte ich auch am Schluchsee und im weiteren Feldberggebiet soziologische Aufnahmen nach dieser Methode. Aber die Arbeit blieb, da sich im leergelaufenen Schluchsee noch ganz andere, neue Arbeitsperspektiven eröffneten, liegen. Die Ergebnisse wurden, nachdem ich inzwischen auch mit R. TÜXEN (von dem mir SLEUMER erzählt hatte) wegen

Beim Moorprofilbohren im später nach Aufstauung überfluteten Schluchseemoor („Feldmoos") mit einer Mächtigkeit im Zentrum von sieben Metern. E. O. (rechts) mit Eberhard Schmidt, September 1929 (Foto: Kläre Barth, spätere Frau Oberdorfer)

des *Juncetum squarrosi* brieflichen Kontakt aufgenommen hatte, erst 1934 publiziert! Durch die Absenkung des Schluchsees hatte der Ahabach, der vom Gebirge her, das Moor umfließend, in den See mündete, tiefe Schluchten in das Hochmoor gerissen und die ganze Sedimentfolge des Moores und des ehemaligen Deltas bloßgelegt. Zwar war von vorneherein geplant, auch etwas zum Aufbau und zur Geschichte des Moores zu ermitteln, mit EBERHARD SCHMIDT hatte ich deshalb schon zuvor mit einer Dachnowsky-Sonde ein 7 m tief reichendes Torfprofil im Zentrum des „Feldmooses" entnommen, aber nun lag das alles offen und zum Arbeiten bequem zu Tage. Zuunterst über Sand und Kies trat ein etwa 20 cm breites Ton-Band zutage, das beim Aufbrechen mit vielen Blättchen eine herrliche Glazialflora zeigte: *Dryas*, *Betula nana*, *Salix herbacea*, *Salix reticulata*, *Salix myrtilloides*, um nur einige zu nennen, daneben lagen grün schillernde Käferflügel von Chrysomeliden, wie sie heute noch die Blätter des Alpendostes zerfressen. Der Schluß auf die damalige Anwesenheit alpiner Staudenfluren lag nahe. Das Ton-Band wurde von einer erneuten Überschüttung abgelöst. Nahe des Ufers gab es auch lückenlose Mudde- und Torffolgen, die sich leicht analysieren ließen. – Die mikroskopische Analyse des Materials war mir nicht unvertraut, arbeitete doch mit EGGERT und mir im selben Raum, den wir „Doktorandetum" nannten, ein Schüler von PETER STARK, einem der deutschen Väter der „Pollenanalyse". Nachmittäglich gab es immer eine Teepause bei P. STARK, bei der auch pollenanalytische Probleme besprochen wurden. Bei BROCHE (so hieß der Schüler), der eine Reihe von Schwarzwaldmooren erbohrt hatte, konnte ich oft ins Mikroskop schauen. – So kam ich also zur „Vegetations- und Klimageschichte". Die Ergebnisse erbrachten durch die lückenlose Analyse des Schluchseemoores erstmals für den Schwarzwald mit den Wechseln der Vegetation und der Sedimente auch Einblicke in Klimaschwankungen der ausklingenden Eiszeit, die später noch durch die Entdeckung von Bimstuffschichten des Laacher Vulkanismus in anderen Mooren durch G. LANG zeitlich exakt eingeordnet und gegliedert werden konnten. Unserem Freiburger Universitätsgeologen, Prof. DEECKE, der eine „Monoglazialtheorie" vertrat, war das ein schwer verdaubarer Brocken, wie sich bei einem Kolloquium im Geologischen Institut zeigte, in dem ich über meine Ergebnisse berichtete. Durch DEECKE gab es tausend Einwände und Zweifel!

Fruchtbar war für mich in dieser Zeit auch die fast wöchentliche Teilnahme an einem Stammtisch in Freiburg, der sogenannten Heubörse im ehemaligen „Fahnenberg", dem seinerzeit größten Bierlokal Freiburgs an der Kaiserstraße zwischen Salz- und Grünwälderstraße. Da berichtete SLEUMER über seine botanischen Forschungen am Kaiserstuhl, PFANNENSTIEL oder SCHNARRENBERGER über die geologischen Bemühungen ebendort, da waren Prof. LAIS, K. MÜLLER (Lebermoos-MÜLLER), Leiter des Weinbauinstituts und Vorsitzender des Badischen Landesvereins für Naturkunde und Naturschutz, der Entomologe STROHM, EBERHARD SCHMIDT und andere. Ich erhielt oft Besuch am Schluchsee von SLEUMER, EBERHARD SCHMIDT oder Prof. RAWITSCHER. Einmal hatte ich eine Exkursion mit großer Teilnehmerzahl (davon gibt es ein Bild) des Badischen Landesvereins zu führen.

1931 erhielt ich meine erste Stelle am „Gymnasium" in Weinheim an der Bergstraße. Dort konnte ich in einer mir neuen Landschaft meine pflanzensoziologische Aufnahmetätigkeit wieder intensivieren und schrieb für eine Beilage der dortigen Zeitung (in Fortsetzungen) einen Artikel über die Vegetation der Bergstraße. Dort fand ich vor allem Anschluß an den Biologie-Kollegen, Prof. FELSCH, der mich auf Exkursionen begleitete und später „mein" Kreisbeauftragter für Naturschutz wurde. Dort begegnete ich auch dem Geographen Prof. KAPPLER, der mir von seiner Freundschaft mit seinem alten Studienkollegen TÜXEN erzählte und mit Interesse meine pflanzensoziologischen Bemühungen verfolgte.

Und nun konnte ich endlich ans Heiraten denken! Eine Wohnung wurde gesucht und gefunden, mit Tatkraft von meiner noch „Braut" KLÄRE eingerichtet und ein Termin auf Mitte August, die Ferienzeit, festgelegt. Aber – o welch ein Schicksalsschlag – wenige Tage zuvor erhielt ich vom Ministerium eine

Versetzung mit halbem Deputat an die Internatsschule nach Tauberbischofsheim. Ich machte mich sofort auf den Weg nach Karlsruhe, wo ich im Kultusministerium beim damaligen Referenten für Oberschulen WOHLEB (dem nachmaligen Präsidenten des kurzlebigen Südbadenstaates) und dem Referenten für Nordbaden, Ministerialrat HEIDELBERGER (meinem späteren Vorgesetzten und ich darf auch sagen: Förderer im Naturschutz- und Museumsdienst) vorstellig wurde. – „Was wollen Sie denn, Sie sind doch nur ein Zweier-Kandidat", hieß es! Aber man hatte ein Einsehen! Ich wurde an eine Mädchenoberschule nach Mannheim versetzt, wohin ich mit der OEG-Bahn täglich von Weinheim aus hin- und zurückpendeln konnte. Inzwischen war ein erstes Kind unterwegs (ein Büble, das leider früh verstarb). Wir wollten, wenn es uns vergönnt war, mehrere Kinder. –
Im Herbst 1932 wurde ich nach Bruchsal versetzt, wo ich von einem selten angenehmen, solidarisch-familiären Kollegenkreis sehr fürsorglich aufgenommen wurde. Vor allem fand ich manche Unterstützung durch Direktor MÜNCH, eine musische und zugleich tatkräftige Natur – er war Vorstand des Badischen Sängerbundes! Es verging einige Zeit, bis ich in Bruchsal eine Wohnung fand – ich war vorerst beim Hausmeister untergebracht. An Wochenenden traf ich mich mit meiner aus Weinheim kommenden Frau, einmal in Speyer, dann in Worms oder in Heidelberg! In Bruchsal erlebten wir auch den von den meisten ersehnten Umbruch zum Nationalsozialismus. THOMAS MANN schrieb am 17. 7. 1944 in sein Tagebuch: „Man soll aber nicht vergessen und sich ausreden lassen, daß der Nationalsozialismus eine enthusiastische, funkensprühende Revolution, eine deutsche Volksbewegung mit einer ungeheuren seelischen Investierung von Glauben und Begeisterung war." Selbst nicht abgeneigt, stand ich doch, wie alle Kollegen meiner Schule, meist mit anderen politischen Wurzeln (ein Kollege war Bruchsaler Zentrums-Gemeinderat), dem Parteibetrieb und der Parteiideologie sehr skeptisch gegenüber. Als Fanatiker erwies sich dann später nur der Sportlehrer. Aber um unseren guten Willen zu zeigen, trat fast das ganze Kollegium der SA-Reserve bei, die sich als harmloser Stammtischbetrieb entpuppte. Man trieb manchmal

auch Sport, und alle erwarben das gegenüber dem Sportabzeichen leichter zu erwerbende SA-Sportabzeichen. Es ging sehr rasch wirtschaftlich aufwärts, und die Leute meinten, es sei ihnen seit 1914 nicht mehr so gut gegangen wie heute (1933/34). Die innenpolitischen und außenpolitischen Erfolge waren unbestreitbar. – Es gab keine „Reparationen" mehr. Mich bedrückte dabei nur die uns widerstrebende und ganz überflüssig erscheinende unablässige antisemitische und antikirchliche Propaganda, die in der Welt draußen doch nur schaden konnte. Ich hatte Angst um Deutschland (Tagebuch 1933). Wir waren immer treue Kirchgänger und hielten wie viele durchaus Kontakt mit alten jüdischen Freunden, mein Vater (der 1939 verstarb) mit seinen Geschäftspartnern, wir mit unseren jüdischen Klassenkameraden. Ich besuchte, wenn ich in Freiburg war, immer Prof. Lais mit seiner jüdischen Frau (noch im Januar 1945). Er wurde übrigens bald vom Dienst suspendiert. Im Sommer 1938, als ich mich an einer pollenanalytischen Tagung in Eberswalde (mit Firbas, Rubner, Erdtmann, Hesmer usw.) beteiligte, wohnte Kläre unterdessen bei ihrer jüdischen Freundin Sonja (Boas-Traube) in Berlin-Spandau. Diese war Chemikerin wie ihr Vater („Traubes Zuckertest") und konnte gerade noch rechtzeitig im Herbst (nach der „Reichskristallnacht") zu ihrem Vater nach London entkommen. Wir besuchten damals auch Sleumer, seit 1933 am Botanischen Museum in Berlin-Dahlem arbeitend und „antinazistisch" gesinnt! Er war gerade bei einem „NS-Dozentenlager" durchgefallen. Nach dem Krieg wurde er aber rehabilitiert und folgte einem Ruf an die Universität von Tucuman (Argentinien). Noch später arbeitete er am Rijksherbarium in Leiden, kam aber immer wieder zu Besuch nach Freiburg.
Man hatte manchmal Angst und Zorn, manchmal konnte man sich auch der Zustimmung (Begeisterung) nicht entziehen, wie beim schon in der Weimarer Zeit von beiden Seiten (durch Zollunion) versuchten, aber von den Alliierten verhinderten Anschluß von Österreich (1938) ans „Reich". Wir waren gerade beim Skifahren im Kleinen Walsertal. Die deutschen Soldaten wurden beim Einmarsch in Österreich mit Blumen begrüßt. Im übrigen war mir immer bewußt: Wer nicht selbst an den Schalt-

hebeln der Macht sitzt oder sitzen will, wird immer nur ein Spielball der Mächtigen sein. Als sich GOETHE 1808 in Erfurt mit NAPOLEON über Schicksalstragödien unterhielt, sagte der Kaiser: „Ach was, die Politik ist unser Schicksal". – So war es und so ist es, wobei ich noch einen Vers aus GOETHES Faust anfügen möchte, in dem es im Disput Fausts mit dem Famulus Wagner heißt: „Die Zeiten der Vergangenheit sind uns ein Buch mit sieben Siegeln, was Ihr den Geist der Zeiten heißt, das ist im Grund der Herren eig'ner Geist, in dem die Zeiten sich bespiegeln."
Was haben wir in diesem Jahrhundert an politischen Manipulationen erlebt, seit Kaiser WILHELMS Zeiten! Die Ergebnisse enthüllen sich immer erst im Nachhinein! Man kann als nichtpolitischer Mensch nur den Mut und die Kraft haben, trotz widriger (ideologisch-repressiv politisierter) Umstände seine eigene Lebensaufgabe zu erfüllen. – Und das war für mich die Familie und die Botanik, die absichtslose Freude am Forschen und Berichten.
Die Jahre 1932–1936 waren voller Betriebsamkeit und familiärer Traulichkeit. Wir waren in den Ferien oft in Freiburg, besuchten EB. SCHMIDT oder H. SLEUMER, der mir mit pflanzensoziologischen Arbeiten von K. HUECK weiterhalf, fuhren im Winter Ski im Schwarzwald oder in Vorarlberg, gingen in Freiburg ins Theater. Ich begann auf Anregung von HUECK von der Staatlichen Stelle für Naturdenkmalpflege in Berlin (mit dem ich brieflich in Kontakt getreten war), das Meßtischblatt 1:25000, Bruchsal, vegetationskundlich zu kartieren, in meiner Freizeit oder in den Ferien; HUECK hatte mir (1934) 100 Mark (!) für die Arbeit vermittelt. Mit der Pflanzensoziologie ergab sich doch zugleich, sie forderte geradezu dazu heraus, die Möglichkeit einer Vegetationskartierung. Da die Pflanzengesellschaften unter anderem Spiegelbilder klimatischer und bodenkundlicher Gegebenheiten sind, führt eine Vegetationskarte gleichzeitig weiter zu praktischen Schlußfolgerungen (Standortsanalysen).
Ich wurde damals auch von ISSLER nach Colmar eingeladen, um in den Vogesen die Bodenständigkeit der Fichte pollenanalytisch zu überprüfen. (Schöne Ergebnisse dazu erschienen 1937 in der

Zeitschrift für Botanik.) Inzwischen hatte ich eine Dachnowsky-Sonde sowie ein gebrauchtes Mikroskop erworben, mit deren Hilfe ich schon die Geschichte einiger Moore in der badischen Rheinebene erforscht hatte. Mit einigem Unbehagen begab ich mich 1935 und 1936 mit meinem Bohr-Gestänge ins französische Elsass. Es wurde auch beim Grenzübergang entsprechend mißtrauisch gemustert! Aber dann war ich ja in der Obhut Isslers, der mich bei allen Mooruntersuchungen begleitete. Nur einmal (1936) ließ er mich allein. Das war in Urbis (450 m). Da kam auch schon ein junger Bursche und beobachtete meine Bohrtätigkeit. – Wir schwiegen beide, und ich rätselte etwas unsicher, was wohl weiter geschehen würde. Als aber dann nach einiger Zeit die Moorproben von der braunschwarzen Mudde plötzlich in weiße Seekreide übergingen, da hieß es bei meinem Zuschauer: „Gottsverdori" (echtes Elsässerdeutsch), und der Bann war gebrochen.

In diesen Jahren nahm ich auch den Kontakt mit dem Naturwissenschaftlichen Verein in Karlsruhe auf, hielt dort Vorträge über den Schluchsee oder meine Kartierungsarbeit in Bruchsal, machte Exkursionen mit Kneucker und seinem botanischen Stammtischkreis (Jauch, Stricker, Lehn usw.). Die Intensität und Vielseitigkeit meiner damaligen Tätigkeit ist heute für mich kaum mehr zu begreifen!

Am 1. Mai 1935 kamen überraschend Hueck, Hesmer und Sleumer, um sich von mir die Vegetation um Bruchsal zeigen zu lassen. Ich sollte gerade mit der SA zu einer Mai-Kundgebung antreten. Aber der Hauptsturmbannführer, beeindruckt von einem Berliner Arbeitsbesuch, ließ mich laufen. Es war ein schöner Tag im Lußhardt, wo gerade *Dentaria bulbifera* blühte; und dann auf der Sandhauser Düne, wo Hueck sichtlich ins Schwärmen geriet, sah er doch hier Vegetationsbilder, die ähnlichen in Brandenburg glichen.

Übrigens besuchte mich in Bruchsal auch einmal ein Erstsemester aus Heidelberg: Heinz Ellenberg, der mich auch zu meinen Wald- und Wiesengesellschaften begleitete und der sich ziemlich verlegen-reserviert verhielt und vielleicht dachte: „Was würde wohl mein väterlicher Freund Tüxen dazu sagen?"

1936 erschien die Bruchsaler Karte mit Text im Druck, es war die erste pflanzensoziologische Karte für Süddeutschland. – Ihr folgte im nächsten Jahr die Vegetationskarte von Tübingen, die FABER vom Naturkundemuseum Stuttgart aus gefertigt hatte. Im Frühjahr 1936 unternahm ich mit meiner Frau eine Zweitage-Exkursion in Begleitung von Baurat SCHURHAMMER (Bonndorf) mit Besuch der Wutachschlucht, der Küssaburg und der Standorte von *Aremonia agrimonioides*, und schließlich konnte ich im Juli 1936 auch noch an einem „pflanzensoziologischen Lehrgang" in Hannover unter Leitung des „Dozenten" Dr. TÜXEN teilnehmen, zu der die Arbeitsgemeinschaft für forstliche Vegetationskunde von Prof. RUBNER eingeladen hatte, mit Vorträgen von TÜXEN, FIRBAS und Oberforstmeister JÄGER. Gezeigt wurden im Harz der „Klimaxschwarm des Fagetum hercynicum", das „Piceetum hercynicum", auf dem Achtermann die „Empetrum-Vaccinium vitis idaea-Assoziation", in den Hildesheimer Bergen auf dem Heinberg die „Querceto Carpineten", das „Fagetum boreoatlanticum", „Lithospermo-Quercetum" und „Querceto-Betuletum luzuletosum". Es wurden pflanzensoziologische Aufnahmen gemacht und Bodenprofile unter Mitwirkung von Prof. KRAUSS (München) aufgenommen. Es ging zum Teil heiß her, da TÜXEN seine Eichen-Klimaxtheorie verteidigte, während der auch anwesende Forstwissenschaftler HESMER auf die Buche setzte. Es war das erste Mal, daß ich TÜXEN persönlich begegnete und einem erlauchten Kreis pflanzensoziologisch interessierter Forstleute!

Ich selbst hatte in meiner Bruchsaler Karte und aus meiner Tätigkeit im Schwarzwald einige eigene Ideen entwickelt, etwas von FABER beeinflußt, der in Stuttgart auch nach der Charakterartenmethode ein eigenes originelles Begriffssystem entwickelt hatte.

An das Ende von 1936 fiel noch ein anderes aufregendes Ereignis. Ich wurde zum badischen Kultusminister GÄRTNER, einem hochrangigen Nationalsozialisten, nach Karlsruhe bestellt. Er plante einen badischen Heimatatlas und wollte dazu eine Vegetationskarte. Irgendjemand (wohl Ministerialrat ASAL) hatte mich empfohlen. Dabei ergab sich auch eine politische Diskussion, bei der ich meinen christlichen Standpunkt verteidigte.

Halb mußte er mir zustimmen – aber er wollte ja seine Karte. Ich wurde für 14 Tage vom Schuldienst freigestellt und bekam so die Gelegenheit, eine erste Karte pflanzensoziologischer Art im Maßstab 1 : 1 000 000 darzustellen. Als nach dem Krieg der Atlas als Heimatatlas von Baden-Württemberg weiterlebte, war es leider nicht mehr möglich, darin wieder eine Vegetationskarte unterzubringen. –
Endlich konnte ich es mir leisten, ein Motorrad (NSU-Quickly) zu erwerben. Es half mir bei der anstehenden Kartierung des Hornisgrindegebietes (1 : 25 000) mit Stützpunkt im Hotel Breitenbrunnen! Jetzt waren auch kleine Familienausflüge möglich, mit Mutter und Kind auf dem Rücksitz und ein zweites Kind vor mir auf dem Tank!
Den Schuldienst hatte ich langsam satt und träumte von anderen Tätigkeiten. Diese sollten sich ohne mein unmittelbares Zutun im folgenden, turbulenten Jahr 1937 ergeben. Ich wurde im Januar nach Karlsruhe an die Helmholtzschule versetzt, mit halbem Deputat. Denn gleichzeitig war mit dem inzwischen erlassenen „Reichsnaturschutzgesetz" ein hauptamtlicher Aufbau einer „Badischen Landesnaturschutzstelle" vorgesehen, zu deren Leiter Baurat SCHURHAMMER bestellt wurde. SCHURHAMMER wollte mich als Mitarbeiter haben. Inzwischen war aber vom Heidelberger Ordinarius L. JOST (Physiologe) dem Ministerium dessen letzter Schüler, HÖHN mit Namen, als Summa cum laude-Doktor aufgedrängt worden. Aber dieser hatte keine große Pflanzenkenntnis und wenig Ahnung von Vegetationskunde. Bei amtlichen Bereisungen wurde also immer wieder ich (ein nur „Magna cum laude-Doktor") herangezogen, bis die Direktion der Schule wegen meiner ewigen Freistellungen für andere Zwecke beim Ministerium revoltierte. Während ich unterwegs war, saß HÖHN im Büro und bastelte an seiner Arbeit über die Sojabohne. Nach seelisch für mich strapaziösen Monaten wurden wir im April ausgetauscht, ich kam als „wissenschaftlicher Hilfsarbeiter" zuerst an die Landessammlungen für Naturkunde, wo deren Leiter, Prof. AUERBACH, seither gemäß der badischen Naturschutzverordnung von 1927 nebenamtlich den badischen Naturschutz betreut hatte, und dann im Anstellungsver-

hältnis an die inzwischen eingerichtete Badische Landesnaturschutzstelle. Es begann eine gute, aufregende Zeit mit Gutachten über Naturschutzgebiete, vielen Reisen und auch einem engeren familiären Kontakt mit SCHURHAMMER, der nach Karlsruhe gezogen war. Ich selbst fand eine Wohnung in der Siegfriedstraße (dritter Umzug!). Meine Frau erwartete ihr drittes (bzw. viertes) Kind. – Ende Mai nahm ich mit SCHURHAMMER an einem „Lehrgang über Landschaftspflege in Schwaben", veranstaltet von SCHÖNICHEN (Berlin), geführt von dem unvergeßlichen und originellen Organisator und Vorkämpfer des württembergischen Naturschutzes, Prof. SCHWENKEL, teil. SCHÖNICHEN war erstaunt, einen so jungen Mann als Verfasser der Bruchsal-Arbeit vor sich zu sehen. Er hatte sich unter mir einen älteren, würdigen Herrn vorgestellt. Der Abschluß des Lehrgangs fand auf der Wurmlinger Kapelle über Rottenburg/Neckar statt mit einer peinlichen Szene. SCHÖNICHEN hielt die Schlußansprache. Kaum hatte er geendet, sprang der Teilnehmer ZIMMERMANN, ein Apotheker aus Achern, in der Uniform eines Hitlerjugendführers erschienen, vor (Ich kannte ihn schon als guten Floristen und Kenner des Hornisgrindegebietes.) und meinte, das alles hätten wir doch dem „Führer" zu verdanken, und es mußte noch ein dreifaches Siegheil auf HITLER ausgebracht werden. SCHÖNICHEN fiel wenige Wochen später in Berlin politisch in Ungnade und wurde durch KLOSE abgelöst!
Schon Anfang Mai 1937 hatte mich STOCKER gebeten, mich an der Führung der Exkursionen anläßlich der Tagung der Deutschen Botanischen Gesellschaft in Darmstadt im Juli zu beteiligen. Er lud mich zu einer Vorexkursion ein, an der sich auch Prof. SPILGER (Gymnasiallehrer mit botanisch-historischen Interessen) beteiligte. Es waren schöne, fröhliche Tage. Anders war es ein Jahr später, als SPILGER zum Studium des in unserem Naturkunde-Museum lagernden Nachlasses von K. FR. SCHIMPER (aus Schwetzingen) bei uns in Karlsruhe zu Besuch weilte. Deprimiert beobachteten wir am 10. 11. 38 morgens auf dem Weg ins Museum die zerstörten jüdischen Geschäfte und die brennende Synagoge. Was soll dieser Wahnsinn wieder? –

Exkursion der Deutschen Botanischen Gesellschaft im Rheingau in Albisheim, Juli 1937; jeder bekam eine Flasche Wein geschenkt. Von Links: E. O., M. Schwickerath, H. Schindler, D. Steiner (Foto: unbekannt)

Anfang Juli 1937 war gerade unser drittes Mädele zur Welt gekommen, da mußte ich zur Tagung nach Darmstadt. Mein Vortrag fand Anklang. Am ersten Exkursionstag, der in die Auwälder des „Kühkopfes" führte, gab es für mich aber eine kleine Verwirrung. Ich war zwar gut vorbereitet, aber als es hieß: „Nun erzählen Sie mal", da begann ich mit der rein rhetorisch gedachten Eingangsfloskel: „Ja, was soll ich erzählen…" – Da fiel mir der große Prof. Diels von Berlin-Dahlem, kein Freund der Pflanzensoziologie, ins Wort: „Was Sie erzählen sollen? – Das und das und das!" Ich fing mich wieder – Diels begleitete nur die erste Halbtagsexkursion. Später, im Nahetal und im Donnersberggebiet, beherrschte dann die Pflanzensoziologie das Feld, allen voran mit Schwickerath und dem Flechtenspezialisten Schindler (Pharmakognostiker bei Schwabe in Radebeul), wohlwollend begleitet von den Botanik-Ordinarien

STOCKER, STEINER und anderen. TÜXEN war übrigens nie mehr bei der Deutschen Botanischen Gesellschaft, nachdem er bei einer vorangegangenen Tagung in Hannover (wie man erzählte) einige Schwierigkeiten hatte. Es war dann später ein Triumph für ihn, daß seine Arbeitsgemeinschaft mehr Mitglieder aufwies als die Deutsche Botanische Gesellschaft.
Im Spätsommer 1937 tagte dann auch der Forstverein in Freiburg. Dabei waren AICHINGER und TÜXEN noch friedlich vereint. AICHINGER trug seine damals provozierende These vor, daß der Feldberg potentiell ein Waldberg sei. Er hatte mit dem Bodenkundler DEINES auf dem Feldberg-Höchst Bergahorn-Wurzeln ausgegraben. Spätere Untersuchungen sollten ihm zum Teil, aber nur zum Teil, recht geben. Der für AICHINGER neu geschaffene Lehrstuhl bei der Forstabteilung in Freiburg war vermutlich ein politischer Lehrstuhl. AICHINGER war stellvertretender Gauleiter (der verbotenen NS-Partei) in Kärnten gewesen und hatte Österreich verlassen müssen. Zwar gab es Widerstände in der Fakultät gegen die Berufung, vor allem von Seiten des Botanikers OEHLKERS, der eine jüdische Frau hatte. Später hat sich AICHINGER der Partei gegenüber, die eine Entfernung von OEHLKERS anstrebte, mit Erfolg für dessen Verbleib auf dem Lehrstuhl eingesetzt.
Mit SCHURHAMMER, dem „Chef", war ich viel unterwegs vom Taubertal bis in das Bodenseegebiet. Mit unserer Arbeit, den Gutachten, Verordnungen und Karten wurde damals ein Grundgerüst der badischen Naturschutzgebiete geschaffen, mit zwei Mann und einer Sekretärin. Ich versuchte mit Hilfe pflanzensoziologischer Kartierungen Naturschutzgebiete, z. B. im Taubertal (Apfelberg, Stammberg), exakt abzugrenzen (n. p.). SCHURHAMMER schob mir gerne die reine Verwaltungsarbeit zu, um sich seinen Spezialitäten, zu denen der Feldberg oder die Wutachschlucht gehörten, auch allgemeinen Erlassen im Benehmen mit den zuständigen Ministerien, zu widmen. Er betrieb eine Monographie über die Wutachschlucht, und ich begann dort mit pflanzensoziologischen Aufnahmen und Kartierungen. In diese Zeit fiel auch meine Begegnung mit Forstrat Dr. BAUER von Karlsruhe, mit dem ich auf der Insel Rappenwört einige „Na-

turwaldzellen" ausschied, nachdem ich zuvor eine Vegetationskarte des Gebietes angefertigt hatte (n. p.). Es ist nicht viel davon übriggeblieben.
Aber nun muß ich zum eigenen „politischen" Schicksal zurückkehren. Obwohl ich mich, so gut ich konnte, laufend vom SA-Dienst gedrückt hatte oder mich entschuldigen ließ, wurde ich im Sommer 1937 als langjähriges SA-Mitglied (wenn auch nur „Reserve") ohne mein Zutun in die Partei der NSDAP übernommen. Mein Referent beim Kultusministerium, Ministerialrat ASAL, war davon sehr angetan. „Sowieso", meinte er, „wenn Sie bei Naturschutzauseinandersetzungen mit Parteifunktionären, die meinen, sie könnten ihre Ferienheime nach Gutdünken an die schönsten Stellen des Schwarzwaldes setzen, auch das Parteiabzeichen am Revers tragen, haben Sie ein ganz anderes Gewicht." ASAL war der kleine TALLEYRAND von Baden. Er hat alle Systeme nahtlos überstanden, war unentbehrlicher Kulturreferent schon unter REMMELE in der Weimarer Zeit, war unentbehrlich und sofort Parteimitglied unter den nationalsozialistischen Ministern von 1933–1945 und war auch nach 1945 unentbehrlicher Kulturreferent unter Staatspräsident WOHLEB im südbadischen Land Baden. Und immer eifriger Tüftler an Naturschutzgesetzen, mit botanischen Interessen.
Im Jahr 1938 erschienen erstmals im Haushaltsplan des Landes die Titel für die neu eingerichtete Landesnaturschutzstelle, mit einer für mich vorgesehenen Konservatorenstelle. Aber bevor sie besetzt werden konnte, mußte zunächst ein Parteilehrgang für angehende Beamte in Bad Tölz (dem Stellvertreter des „Führers" R. HESS unterstellt) absolviert werden. Dieses sogenannte Reichslager für Beamte bestand aus Baracken mit größeren und kleineren Unterkunftsräumen. Ich hatte Glück insofern, als ich ein Zwei-Mann-Zimmer erwischte und mein Mitbewohner ein Anwärter auf eine Stelle im Überseemuseum in Bremen war. Er hieß AMSEL, war Entomologe, und ich hatte rasch einen guten Kontakt! Da er drei Tage jünger als ich war, wurde ich zum „Stubenältesten" ernannt. Zum Abschluß des Kurses wurde ein schriftlicher Bericht über unsere Eindrücke vom absolvierten Lehrgang verlangt und ich insistierte wieder gegen die

Ablehnung des Christentums. – „Na ja", sagte der Gruppenleiter bei der Verabschiedung, „lassen Sie als Naturschützer Ihre Bäume gerade wachsen!" Ich wanderte mit AMSEL noch zwei Tage in den Bad Tölz umgebenden Bergen, und AMSEL konnte sich nicht genug über meine unentwegte pflanzensoziologische Aufnahmetätigkeit wundern!

Ich wurde also noch 1938 Beamter. Gleich anschließend an das Tölzer Abenteuer führte mich der Weg in den Bayerischen Wald zur Exkursion der Arbeitsgemeinschaft für forstliche Vegetationskunde, die O. H. VOLK aus Würzburg vorbereitet hatte – dabei hatte er das „Fagetum oriento-bavaricum" erfunden, das viel Spott hervorrief. AICHINGER war dabei, HARTMANN, GAMS (der mir *Rubus hirtus* vorführte), PRIEHÄUSSER, RUBNER natürlich, Frl. v. GAISBERG (die ich schon im Zug traf). Von dort fuhr mich der Waldbau-Assistent REINHOLD, der im Besitz eines Autos war, auf seinem Rückweg nach Tharandt bis nahe Halle, wo ich MEUSEL treffen wollte, aber nur einen Brief vorfand mit guten Ratschlägen für Exkursionen in die Umgebung von Halle, die ich dann zum Teil auch wahrnahm. Von dort ging es weiter zu TÜXEN nach Hannover, wo das Projekt der Reichskartierung besprochen werden sollte. Zwar gab TÜXEN 1937 seine „Pflanzengesellschaften Nordwestdeutschlands" mit Farbanweisungen für eine Kartierung heraus, hatte aber bis dahin (und noch Jahre danach), im Gegensatz zu HUECK oder uns „Schwaben" oder auch z. B. zu MOLINIER in Südfrankreich, keine seiner pflanzensoziologischen Karten veröffentlicht. Er hatte mit vielen jungen Leuten, die er zu begeistern verstand, nur für Gutachten oder für die „Schublade" kartiert, wobei in dieser Hinsicht in Hannover so eine Art „Geheimorden" entstanden war. Mit Hilfe eines seiner Anhänger, der als Oberlandesforstmeister beim Reichsforstamt unter GÖRING Referent geworden war, FRITZ HILDEBRAND, gelang es TÜXEN, die Idee einer Reichskartierung der Vegetation (1:25 000) zu verwirklichen. Es sollte eine Zentralstelle für Vegetationskartierung in Hannover unter Leitung von R. TÜXEN eingerichtet werden, die als einzige Einrichtung das Kriegsdesaster überdauert hat. Daneben sollte es Gebietsleiterstellen geben! Ich war für Baden vorgesehen, SCHLENKER für

Württemberg – aber da gab es Schwierigkeiten. SCHLENKER wollte sich den eigenen schwäbischen Weg nicht verbauen und fürchtete eine gewisse „Richtlinienkompetenz" TÜXENS. Er verließ unter Protest die Versammlung! Ich dachte, mit TÜXEN schon zu Streich zu kommen und akzeptierte. Im Sommer 1939 wurde ich von meinem Ministerium für diese Tätigkeit freigestellt. Im übrigen hatte ich bereits 1937 selbst einen Plan für die Vegetationskartierung Badens entwickelt, eine Arbeitsstelle dafür ins Leben gerufen und darüber in den „Beiträgen zur naturkundlichen Forschung in Südwestdeutschland" 1937 berichtet.

TÜXEN bat mich Ende Juli 1939, eine Tagung seiner soziologisch-floristischen Arbeitsgemeinschaft in Karlsruhe auszurichten – mit Führungen in das publiziert-kartierte Gebiet von Bruchsal und vom Nordschwarzwald. Meine Vegetationskarte 1 : 25 000 Bühlertal-Hornisgrinde war mit Text gerade erschienen. Organisatorisch ging alles glatt vonstatten. Aber die Hornisgrinde-Exkursion endete für mich in einer seelischen Verwirrung, da TÜXEN nichts gelten ließ, was ich erklärte. Es war mir auch deshalb peinlich, weil mein Referent ASAL anwesend war, SCHMITHÜSEN mit einer Studentengruppe, H. WALTER, REINHOLD aus Tharandt oder der Forstzoologe ZWÖLFER aus Freiburg. – Meine Frau litt mit mir. Sie sagte: „Diesem TÜXEN hätte ich am liebsten ins Gesicht springen mögen." – Dann das Wechselbad: auf der Hornisgrinde beim Abschluß eine penetrante Lobhudelei TÜXENS. Ich kannte ihn offenbar noch nicht genug! Es gab lange Jahre Schwierigkeiten. Unsere Naturen waren zu entgegengesetzt. Wir respektierten gegenseitig unsere Arbeit, halfen uns auch. Aber ich mußte immer wieder beobachten, daß er sich durch alle, die a u c h etwas zu sagen hatten, behindert fühlte. Er beanspruchte das Primat, und was unbedingt zu bewundern war, das war sein Organisationstalent, sein Werbungsvermögen, er hatte eine starke Ausstrahlung und hat gewiß weltweit der Pflanzensoziologie zum Durchbruch verholfen. BRAUN-BLANQUET hatte seinen „Propheten" gefunden! Aber da gab es noch einen Pflanzensoziologen, der „der Größte" sein wollte: AICHINGER, der inzwischen, nach dem Anschluß Österreichs, einen Ruf an die Hochschule für Bodenkultur nach Wien erhalten hatte und vor allem über großen politischen Einfluß verfügte. Als es AICHINGER gelang, im Reichsverband für Biologie (oder ähnlich) eine maßgebende Rolle zu spielen, sollte im Zuge der nationalsozialistischen „Gleichschaltungen" auf sein Betreiben auch TÜXENS „Arbeitsgemeinschaft" (inzwischen Arbeitsgemeinschaft für Pflanzensoziologie) dem Biologen-Verband (also AICHINGER) unterstellt werden. Das mußte natürlich zu Kontroversen führen, deren Höhepunkt in einer „Forderung" AICHINGERS „auf schwere Säbel" (auf SS-Formular) gipfelte. Das war zwar eine kindische Drohgebärde, aber TÜXEN nahm sie dramatisch ernst und hat nie mehr etwas von AICHINGER wissen wollen. Als 1964 in Chur BRAUN-BLANQUETs achtzigster Geburtstag gefeiert wurde, von AICHINGER organisiert, mußte ich eine Grußadresse TÜXENS verlesen, da TÜXEN auf keinen Fall AICHINGER begegnen wollte. Als wir abends in einem Kellerlokal im kleinen Kreis (mit OTTI WILMANNS, TH. MÜLLER, SABINE GÖRS, wohl auch ZEIDLER u. a.) noch etwas becherten, beherrschte AICHINGER die Runde – auch er verfügte über eine starke Ausstrahlung. Später sagte mir OTTI WILMANNS spontan: „Aber dieser AICHINGER ist ja ein TÜXEN in österreichischer Ausprägung." Es gab Vorträge von BRAUN-BLANQUET, OZENDA u. a. Und der Jubilar führte uns zu seinen berühmten Trockenrasen!

Durch den Weggang von AICHINGER aus Freiburg ergab sich eine Lücke in der Ausbildung der Forststudenten. Der Inhaber des Waldbau-Lehrstuhles, VANSELOW, bat mich, die „Pflanzensoziologie" weiterzuführen und vermittelte mir einen Lehrauftrag mit der Möglichkeit verbunden, mich für das Fach bei der Forstabteilung der Universität zu habilitieren. Die Vorlesungen sollten im Wintersemester 1939/40 beginnen. Zuvor hatte ich einen Studienaufenthalt bei BRAUN-BLANQUET in Montpellier eingefädelt und die Mittel dazu von der Notgemeinschaft der deutschen Wissenschaft bereits genehmigt bekommen. Ich wollte die Reise am 1. September 1939 antreten – doch all das hat der Kriegsausbruch verhindert.

Mütter mit Kindern sollten in diesen ersten Septembertagen Karlsruhe verlassen. Meine Frau ging mit den Kindern zu ihrer

Zum 80. Geburtstag von J. BRAUN-BLANQUET Exkursion bei Chur in die Trockenrasen im Domleschg (Hinterrheintal) am 28. 7. 1964: von links: W. TREPP (stehend), E. O., J. BRAUN-BLANQUET, TH. MÜLLER halbverdeckt von SABINE GÖRS, E. AICHINGER (Foto: unbekannt)

mit einem Arzt verheirateten Schwester nach Stuttgart. Aber obwohl uns Frankreich und England (wegen des Einfalls nach Polen) den Krieg erklärt hatten (auch die Russen waren in Polen einmarschiert), fiel im Westen damals noch kaum ein Schuß. Wir arbeiteten im Naturschutz weiter, als ob Frieden wäre. Ich begann mit dem Entwurf einer ökologischen oder pflanzensoziologischen Flora, so wie mir das schon lange vorschwebte. Herr KNITTEL vom Braun'schen Verlag (Karlsruhe) hatte großes Interesse daran. Dort hinterlegte ich dann einige Manuskriptteile.
Im April 1940 wurde ich als Ungedienter zur Luftwaffenbaukompanie eingezogen. Zunächst schippten wir am Westwall – ich wurde vorübergehend zu einem Unteroffizierslehrgang abkommandiert. Nach dem gelungenen Durchbruch nach Frankreich im Mai und dessen Kapitulation wurde die Kompanie im

September an den Flugplatz bei Nantes verlegt, von wo aus die Flugzeuge nach England starteten. Ich mußte keine Bomben laden, sondern wurde in die Schreibstube versetzt. Ich benützte die Gelegenheit größerer Freiheit, mit Hilfe des Dienstfahrrades die Gegend pflanzensoziologisch zu erkunden, um soziologische Aufnahmen, z. B. in den schönen *Erica ciliaris*-Moorheiden oder in den *Sarothamnus-Ulex europaeus*-Brachen zu machen. Alle Pflanzensoziologen haben sich damals „im Felde" pflanzensoziologisch umgeschaut. Die Berichte und soziologischen Aufnahmen wurden zum Teil von TÜXEN, der inzwischen nach Stolzenau in ein ehemaliges Mütter-Erholungsheim der Partei ausquartiert worden war, in den „Rundbriefen der Zentralstelle" als Manuskripte vervielfältigt, gesammelt und verschickt. Viele der damaligen hoffnungsvollen jungen Mitarbeiter sind später im Kriege umgekommen.

Im Frühjahr 1941 wurden wir nach Polen verlegt, an Feldflugplätze nahe der russischen Grenze, deren Sinn wir zunächst nicht verstanden. Ich war als Wachunteroffizier in den Außendienst versetzt worden, hatte in verwanzter Bude die nächtlichen Wachen aufzustellen und zu kontrollieren. Dazwischen gab es freie Tage, die ich wieder mit dem Dienstrad ausnützte, um die Vegetation im Umkreis unseres Standortes (Krosno-Jaslow) zu erkunden. Mich faszinierte die scharfe Grenze, mit der die Abieteten und Carpineten in der Ebene von den Fageten an den Beskidenhängen getrennt waren. Wieder gab es zahlreiche pflanzensoziologische Aufnahmen. Ich entwarf sogar eine kleine Vegetationskarte.

Inzwischen war der Einmarsch nach Rußland erfolgt. Ich erinnere mich, wie deprimiert ich damals war. Ich zweifelte erstmals am „Sieg"! Im Herbst und Winter wurden wir nach Kiew verlegt. Für den Botaniker ein ganz neues Erlebnis kontinentaler Vegetation. In der Nähe des Flugplatzes gab es einen Kiefernwald, der mich an die heimatlichen *Pyrola*-Kiefernwälder bei Schwetzingen erinnerte, der aber mit weiteren kontinentalen Arten (z. B. *Cytisus ruthenicus*) angereichert war. An den Hängen, die sich von der Stadt tief hinab zum Dnjepr zogen, gab es schöne *Festuca valesiaca*-Trockenrasen. Wir waren in einer ehemaligen Studentenunterkunft untergebracht. Im Keller lagen Berge von Büchern, unter denen ich einen schon von Ratten angenagten TALIJEW, eine Bestimmungsflora für die europäischen Teile Rußlands (1941), fand. Ich las mich in das Russische ein und übersetzte in langen Wachnächten (wieder war ich Wachunteroffizier) – mit deutschen Eintragungen über den russischen Wörtern die Vorkommensangaben des ganzen Buches (640 Seiten). Sie waren mir später für die Areal-Beurteilung vieler Arten sehr wertvoll! Es war der harte Winter 1941/42, und beim Exerzieren bei unter minus 30 Grad war das Gesicht mit Eis bedeckt.

Im Spätwinter 1942 wurden wir zum Ersatzbataillon nach Landau/Isar verlegt. Ich mußte Ausbildungsunteroffizier spielen, nicht ohne in der Freizeit die Trockenvegetation an der Isar oder den Bayerischen Wald über Deggendorf (Dreisessel) pflanzensoziologisch zu erkunden. 1943 wurde ich zur schweren Flak nach Siebenbrunn bei Augsburg abkommandiert, mußte die Rolle eines Meßoffiziers am sogenannten Kommandogerät übernehmen und fand in der Freizeit liebe Aufnahme bei Familie POEVERLEIN (Regierungsdirektor a. D., Hobby-Botaniker) in Augsburg. Auch den bekannten Botaniker ZIEGENSPECK besuchte ich in seiner Apotheke. Ich mußte gleich im Hinterzimmer durch das Mikroskop schauen. Mit POEVERLEIN unternahm ich lehrreiche Exkursionen durch die Lechauen, sah die schönen Bestände von *Typha minima* oder *Hierochloë odorata*, die es damals noch gab, und machte wieder viele pflanzensoziologische Aufnahmen. Einmal besuchte mich auch meine Frau mit unserer damals 8jährigen HANNE! Die Flak, die dem Schutz der Messerschmidtwerke diente, schoß immer nur den feindlichen Fliegern, die München bombardierten, hinterher.

11. 10. 43   *Und wieder webt ins Sterben dieser Tage*
Das gold'ne Herbstlicht sehnsuchtsvolles Ahnen
Wie mich's in jungen Tagen schier schon überwältigt.
Einsam beglückt schaust du die bunten Fahnen,
Da alles sich verwandelt tausendfältig.
In fernen Landen werden rot schon die Euphorbien blüh'n.
Wie Flammen spielt's aus kaum entfachten Feuern,
Will in die feierliche Stille glüh'n.
Du weißt: die Liebe wird auch uns sich noch erneuern.

Im Herbst 1943 kam ich schließlich, durch die Vermittlung TÜXENS, zur Forschungsstaffel des OKW (Oberkommando der Wehrmacht), bei der schon 1942 einige pflanzensoziologische Mitstreiter, wie H. ELLENBERG, WILH. LOHMEYER oder E. PREISING in der Ukraine tätig waren. Es sollte ein „Kommando Griechenland" zur Ausarbeitung einer Geländebeurteilungskarte im mittleren Griechenland gebildet werden. Man erwartete eine Landung der Engländer in diesem Raum, und das vorhandene griechische Kartenmaterial war völlig ungenügend. Die Forschungsstaffel war eine spontan durch SCHULZ-KAMPFHENKEL (bekannt durch sein Amazonasbuch „Die grüne Hölle") initiierte Gruppe, die (im Gegensatz zu dem etablierten „Milgeo"-Dienst) rasch, effizient, mit verschiedenen Fachkräften (Geologen, Geographen, Hydrologen und eben auch Pflanzensoziologen) und unter Einsatz von Luftbildern Karten zur militärischen Beurteilung des Geländes (z. B. Panzerbefahrbarkeit) herstellen sollte. Neben dem logistischen Einsatzleiter gab es einen wissenschaftlichen Einsatzleiter, das war in unserem Falle der Geologe JÖRG (Freiburg), im militärischen Rang eines „Fahnenjunkers". Mit dabei waren KOSACK (Geograph), SCHMIDT (Hydrologe aus Würzburg) und als Pflanzensoziologen außer mir ZEIDLER (Würzburg) und K. WALTHER (als Florist). Nun war das Forschen zur Pflicht geworden, und wir fühlten uns fast wie zivile Menschen!

Im Winter 1943/44 versuchten K. WALTHER und ich im „Herbarium Haussknecht" (Weimar), uns in die Pflanzenwelt Griechenlands einzuarbeiten. Wir besuchten H. WALTER, Ordinarius in Posen, und starteten im Februar 1944 nach einem Zwischenaufenthalt in Graz nach Saloniki, wo unser Standquartier sein sollte und wo gerade auf den Matten hinter der Stadt die Romulien und gelben Krokusse (*Crocus chrysanthus*) aufgeblüht waren. Wir suchten zunächst Kontakt mit dem dortigen botanischen Ordinarius GANIATSAS, der, mit einer Kölnerin verheiratet, uns freundlich entgegenkam. Bald wußten wir floristisch besser Bescheid als die einheimischen, mehr physiologisch orientierten Botaniker. (Ein herzliches Wiedersehen mit GANIATSAS gab es nach dem Krieg 1954 beim Internationalen Botaniker-

kongreß in Paris!) Wir machten Einsatzfahrten nach Thessalien, Mazedonien, an den Ochridasee bis Albanien, nach Thrazien und sammelten ein großes Material. WALTHER herbarisierte Pflanzen, ich machte soziologische Aufnahmen, und ZEIDLER erklärte die Bodenprofile. Der Flugzeugführer FROWEIN mit einer doppelrumpfigen Focke-Wulf machte sich beim Erkunden des Geländes von oben als Segelflieger den Spaß, uns oft durch abenteuerliche Flugkunststücke zu verwirren. K. WALTHER kam ohne sein Kochgeschirr selten aus, während mir die Kapriolen FROWEINS wenig ausmachten. Manchmal benützten wir auch einen „Fieseler Storch", geflogen von einem gemütlichen, nicht aus der Ruhe zu bringenden Piloten aus Berlin, den wir „Altvater" nannten. „Zu Hause" in Saloniki werteten wir die angelieferten Luftbilder aus, die noch heute, wie mir ein griechischer Forst-Assistent 1994 versicherte, ein unentbehrliches kartographisches Grundlagenmaterial bilden. Offenbar wurde das Material nach dem Kriege an Griechenland ausgeliefert.
Daß unsere Aktivitäten nicht ganz ungefährlich waren, erfuhren wir bei einem Flug um den Olymp, als wir aus einem hochgelegenen Dorf, einem „Partisanennest", mit Maschinengewehren beschossen wurden. Die Geschosse prasselten auf unseren „Storch". Ein hinter mir sitzender junger Geologe aus Köln erhielt einen Oberschenkeldurchschuß. Aber „Altvater" steuerte unser Flugzeug heil nach Saloniki zurück!
Eine Gefahr anderer Art wurde erst nach dem Krieg offenbar. An einem leicht alkoholisierten Abend in Saloniki gab es viel lauten Unmut über unsere politische Führung. Unser LKW-Chauffeur aus Berlin, überzeugter Nationalsozialist, zeigte uns an. Als ich 1946, aus der Gefangenschaft nach Freiburg zurückgekehrt, auf der Straße meinen alten Klassenlehrer, den nachmaligen badischen Landtagspräsidenten PERSON traf, erzählte er mir zu meiner Überraschung von diesem Vorgang. Er war beim Personalamt der OKW-Abwehr, hatte die Anzeige bearbeitet und unter den Tisch fallen lassen!
Im Herbst 1944 wurde zum Rückzug geblasen. Die Engländer waren zwar in Griechenland nicht gelandet, aber überall waren die Fronten ins Wanken geraten! Damals ging der Spruch um:

„Genießt den Krieg, der Friede wird fürchterlich". Die ganze Wehrmacht, eine Armee, zog sich geordnet durch Jugoslawien zurück. Wir nächtigten meist einfach in Zeltplanen gewickelt auf dem Boden in Rebfurchen oder im Wagen und labten uns an den gerade reifen Zwetschgen des Landes. In Belgrad, beim Verladen unserer Fahrzeuge auf die Bahn, schlug ich mir das Schienbein bis auf die Knochen auf, wurde auf einen Lazarettzug gepackt und landete in einem total verwanzten Lazarett in Znaim. Ich höre noch die Rotkreuzschwestern lachen, als wir uns über die Wanzen beklagten.

Im Oktober 1944 bin ich wieder bei meiner Truppe im heimatlich anmutenden Laibach.

Laibach (Lubljana)
> *Stille der Heimat*
> *Umfängt mich wieder.*
> *Hat doch der Lärm der Welt*
> *Mich schier verschlungen.*
> *Lass mich versinken*
> *In Deinem ewigen Atem,*
> *Wie kühlt er*
> *Die brennenden Wunden.*

Ich erhalte sofort Urlaub und fahre ins Elsaß, denn meine Familie war 1943 nach Colmar umgezogen. SCHURHAMMER, der dort die „Oberrheinische Naturschutzstelle" aufgebaut hatte, hatte meine Versetzung (in Abwesenheit) nach dort veranlaßt, so daß meine Familie wieder vereint von Karlsruhe in eine von ihm besorgte Wohnung umziehen konnte. Meine Mutter, die seit Vaters Tod (1939) in unserer Familie lebte, lag mit Parkinson'scher Lähmung im Krankenhaus. Ich habe sie damals zum letzten Male gesehen. Sie wurde später nach Lahr evakuiert und starb dort einen einsamen Tod. Bald darauf, als die Franzosen näherrückten, mußte die Familie mit SCHURHAMMERS unter Zurücklassung fast unserer ganzen Habe über den Rhein ins „Reich" flüchten. Meine Frau fand Unterschlupf bei meinem Onkel RICHARD in Tübingen. –

In Laibach gab's nicht viel zu tun. Ich erkundete wieder mit pflanzensoziologischen Aufnahmen die Umgebung und machte mich an die Konzeption einer Arbeit über die Vegetationsgliederung der Balkanhalbinsel. Im Oktober 1944 kam der Befehl, in Kürze eine Geländebeurteilungskarte von Oberitalien zu erarbeiten. Aber dazu kam es nicht mehr! Wir fuhren zwar nach Oberitalien, erkundeten die Euganeen, Padua, Verona, Venedig, das mit seinen tausend Gäßchen einen betörend-verwirrenden Eindruck auf mich machte. Dort feierten wir Weihnachten im Soldatenheim, dann Silvester in Verona. Bei einem Unfall unseres Wagens auf vereister, spiegelglatter Straße brach ich mir (wie sich später herausstellte) eine Rippe – bekam Fieber und Schüttelfrost, überstand alles aber ohne Arzt und Lazarett! Im Januar 1945 gab es nochmal Urlaub. – Ich sollte mich zunächst in Neudorf (Schlesien) in der Zentrale der Forschungsstaffel melden, wo ich SCHMITHÜSEN traf. – In einem überfüllten Flüchtlingszug erlebten wir vor Dresden aus der Ferne das Inferno, das gerade über diese schöne Stadt hereingebrochen war. Ende Februar war ich in Tübingen bei den Meinen, besuchte unser zweijähriges RENÄTLE in einem Kinderheim bei Schiltach, war in Lahr an Mutters Grab, immer per Anhalter unterwegs, und schließlich in Denzlingen bei den Schwiegereltern, dabei unsere Drittälteste, TRUDI, die den schweren Bombenangriff auf Freiburg mit knapper Not überstanden hatte! In Freiburg saß ich beim alten Freund LAIS und seiner jüdischen Frau bis nach Mitternacht. Es herrschte eine gedrückte Atmosphäre. Aber vom „Holocaust" haben wir damals noch nichts gewußt. – Schließlich war ich bei TÜXEN in Stolzenau, wo mir W. LUDWIG (heute Marburg) bei der Ausarbeitung meiner Balkantabellen half. Als ich in Tübingen meinen alten Bekannten aus Freiburg, jetzt Extraordinarius des Botanischen Institutes, Prof. ZIMMERMANN, besuchte und von meiner Balkan-Arbeit erzählte, war er sofort Feuer und Flamme und meinte, damit könnte ich mich hier in Tübingen habilitieren. Alles wurde vorbereitet, die Arbeit eingereicht und angenommen (sie ist nach dem Krieg in gekürzter Form bei LÜDI in den Berichten des Geobotanischen Instituts Rübel erschienen) – mein Vortrag im Botanischen Institut wurde auf Anfang Mai 1945 angesetzt. Aber da ich am 24. 4. 45 in amerikanische Gefangenschaft geriet, war es wieder einmal nichts mit der Habilitation!

Als ich Mitte März nach Laibach zurückkehren wollte, kam ich wegen der Tieffliegerangriffe zunächst nur bis Villach, wo ich zu AICHINGERs Institut in St. Andrae hinauspilgerte. Dort traf ich neben AICHINGER auch BARTSCH und zu meiner Überraschung HUECK mit seiner jüdischen Frau und Kindern, die AICHINGER gerade aus dem KZ herausgerettet hatte, mit Hilfe des uns wohlgesinnten Staatssekretärs v. KEUDELL vom Reichsforstamt. Wir kletterten vereint auf die Gerlitzen! In Laibach war inzwischen auch Prof. MARKGRAF aus dem Berliner Botanischen Museum aufgetaucht. Am 4./5. April fuhr ich noch einmal nach Tübingen, um Karten der Forschungsstaffel beim Geographischen Institut der Universität zu hinterlegen. Ich kam nur bis Kirchentellinsfurt, als der Zug in einen Tieffliegerangriff geriet. An der Böschung liegend, spritzten rechts und links von mir die Geschosse in den Boden. Meine Frau holte mich am Bahnhof Kirchentellinsfurt mit dem Rad ab. Inzwischen war das Laibacher Kommando zu einem „Westkommando" nach Wemding versetzt worden. Ein unvergeßliches Ostern 1945 mit Apfelkuchen verbrachten wir auf der Fahrt dorthin, zusammen mit JÖRG, in der Familie OTREMBA (dem Geographen) in Erlangen. Von Wemding wanderte unser Kommando, zu dem inzwischen auch Prof. H. WALTER (als Kriegsverwaltungsrat) und Dr. OEHME (Geograph, Freiburg) gestoßen war, weiter nach Günz, wo wir, bei Bauern einquartiert, uns nochmal so richtig sattessen konnten. Da die Amerikaner rasch näherrückten, übergab ich „meiner Bauersfamilie" meinen Koffer und die wertvollen pflanzensoziologischen Unterlagen zum Verstecken (im Backofen), wo wir ihn dann nach Krieg und Gefangenschaft wieder wohlbehalten abholen konnten. Für H. WALTER, JÖRG und mich wurde wieder ein Marschbefehl nach Lechbruk ausgeschrieben. Wir irrten durch die Gegend, kamen noch einmal in eine lebensbedrohende Situation, als uns ein SS-Kommando stellte. Wie wir später erfuhren, wurden von solchen Kommandos Deserteure gnadenlos zusammengeschossen oder aufgehängt. „Ihr wollt wohl auch zu den Amerikanern überlaufen!" Die Pistolen, auf uns gerichtet, waren schon entsichert. WALTER zeigte unseren Marschbefehl. Aber nur der kaltblütigen (aggressiven) Reaktion

Jörgs hatten wir es wohl zu verdanken, daß wir weiterziehen konnten. Wir schliefen in der Stube eines einsamen Bauernhofes, in dessen Feuerteich wir unsere letzten „Kriegsgeräte" (Pistolen, Stahlhelm usw.) versenkten. Auf den Straßen im Tale hörten wir ringsum schon die amerikanischen Panzer rollen. Wir beschlossen hinunterzusteigen und uns unserem Schicksal zu stellen. Walter voraus, sagte: „We are your prisoners." „Oh", sagte der „Ami", „he speaks an American English". (Walter war längere Zeit in den USA gewesen.) Wir wurden aber rasch getrennt, Walter kam in das Offizierslager, ihm blieb unser Leidensweg erspart. Wir kamen in das Massenlager nach Heilbronn und wurden von dort den Franzosen übergeben. Auch Jörg wurde von mir getrennt, ich begegnete aber dem Astronomen Teichgräber aus Coburg, der auch zur Forschungsstaffel gehört hatte. Wir wurden auf Güterwagen kreuz und quer durch Frankreich gefahren und mit Steinen beworfen, waren einige Zeit in Voves, wo wir täglich außer 1/2 l Brühe nichts zu essen bekamen und bis auf die Rippen abmagerten, und landeten endlich im Lager „Chatelaillon" bei La Rochelle! Und hier dasselbe Elend, täglich starben Menschen, auch mein Kumpel Teichgräber. Meine Rettung war das „Teekommando"! Der deutsche Lagerarzt hatte sich beschwert, daß es nicht mal einen Tee in der „Infirmerie" gäbe, geschweige denn Medikamente. Ob man nicht wenigstens draußen Pfefferminz sammeln lassen könne. „Apotheker vortreten", hieß es eines Morgens beim Appell. Ich meldete mich. Mit zwei Mann und einem Wachsoldaten wankten wir aus dem Lager. Ich entdeckte *Mentha suaveolens*, das wir sammelten. Wir pflückten auch reife Brombeeren und steckten kleine Gehäuse-Heckenschnecken ein, die wir später heimlich im Lager brühten und aufs Brot schmierten („Fünf Mann ein Brot"). Manchmal wurde uns auch draußen von Frauen ein Stückchen Brot zugesteckt. Wir kamen langsam wieder zu Kräften, ich wurde übermütig und machte so nebenher auf Papierfetzen und mit einem Bleistiftstummel wieder pflanzensoziologische Aufnahmen. Da wurde der begleitende Wachsoldat mißtrauisch. Was ich da treibe, und entsicherte sein Gewehr. – „Nur Heilpflanzen für den Arzt aufschreiben." Ich mußte die Arme heben und mich filzen lassen. Da fand er eine Photographie meiner Familie, die ich durch alle die ewigen Filzereien hindurch gerettet hatte. „Ah, votre famille!" „Oui, c'est ma femme, ma mère et mes enfants." Ich war gerettet! Meine damaligen soziologischen Aufnahmen habe ich schließlich durch alle noch kommenden Lager und alle „Filzereien" hindurch gerettet und später für das „Potentillo-Menthetum suaveolentis" verwenden können!

Letztlich wurden wir wieder den Amerikanern übergeben, wo es endlich etwas mehr zum Essen gab. Am Neujahrsmorgen 1946 wurde ich bei klirrender Kälte zum „Scheißkübeltragen" kommandiert. Wegen eines (verbotenen) Stückchens Brot in der Tasche hat man mich ins Gesicht geschlagen. Aber endlich fanden alle diese Demütigungen ein Ende, und ich wurde nach Tuttlingen entlassen (21. 2. 46). Trotz aller Not, die man sah – wie beglückend war wieder die Freiheit (Tagebuch)! In Tübingen erfuhr ich, daß KLÄRE und die Kinder wieder in Freiburg seien. Fast ein Jahr hatten wir nichts voneinander gehört. So fuhr ich nach Freiburg, in die alte Heimatstadt, wo ich die Lieben, die mich so sehnlich erwartet hatten, wiederfand. Eines Abends lasen KLÄRE und ich uns gegenseitig unsere Tagebücher vor. Ich darf einiges von dem wiedergeben, was meine Frau damals geschrieben hatte:

Auszüge aus den Aufzeichnungen meiner Frau (K. O.)

An E. O:

Tübingen, 22. April 1945:
Es drängt mich, für Dich Tagebuch zu führen, nachdem nun alle Verbindungen zwischen uns und auch alle Hoffnung, in absehbarer Zeit etwas von Dir zu erfahren, abgebrochen sind. Nicht auszulöschen ist die Hoffnung, Dich doch noch wiederzusehen. Die Familie für diesen Augenblick zu erhalten und mit allen Kräften durchzubringen ist der einzige Sinn meines derzeitigen Lebens. Ob es mir gelingen wird, ob Du zu uns zurückfinden wirst, das steht in Gottes Hand, auch das Maß der Leiden, die

wir alle werden ertragen müssen und über deren Ausmaße ich mir keine Illusionen mache: Schufterei, Rennerei, Schmutz und schwere Arbeit. Auch weiterer Verlust von dem bissel Habe, das könnte ich noch ertragen, nur nicht den grausamen Hunger meiner jetzt noch so munteren Kinderlein, die trotz aller Sorgen doch wieder ein Trost sind. Niemand kann so lieb trösten wie mein kleiner Spatz (Anm.: RENATE, 2 Jahre). „Mamale, nit (h)eulen", sagt sie mit sonorer Stimme, und zum heimlichen Weinen gibt es gar vielen Anlaß. –
Am 6. April bist Du von mir gegangen, ins Ungewisse. Zwei Briefe habe ich Dir noch gesandt. Von allem bin ich nun abgeschnitten, am härtesten ist aber unsere Trennung für mich! 5 Jahre habe ich sie nun schon ertragen. Heute vor 5 Jahren holten sie Dich fort. Wie lange wird dieses Leid nun noch dauern. Nur Onkel und Tante habe ich hier und ein paar fremde Menschen, die mir aber gut gesinnt scheinen. Onkel RICHARD (Anm.: damals 63) ist sehr gütig. Er hat es ja auch nicht leicht und leidet furchtbar unter der Zukunft, aber immer wieder zeigt er sein Wohlwollen; und da er soviel von Dir und Deiner Art hat, so sitze ich gerne einmal ein Stündle mit ihm zusammen, ohne viel zu reden und freue mich, ihm gelegentlich etwas zulieb tun zu können. – – – Die Tage vor dem Einbruch der Feinde waren erfüllt von Gerüchten, vielen Fliegerangriffen auf hiesiges Gebiet, vor allem auf das Bahngelände und die Kasernen. In der Stadt gab es jeden Tag andere aufregende „Ausverkäufe", und ich „erstand" auch so manches, was ich noch brauchen oder vertauschen kann ...
Am 18. 4. waren die Franzosen in Hirschau, und wir erwarteten sie in der Nacht. Noch abends flogen ohne Warnung mit furchtbarem Getöse alle drei Neckarbrücken in die Luft! Wir sind seither ohne Wasser und Licht, und was am schlimmsten ist, ohne Kochgelegenheit. Onkel und ich standen stundenlang in Tieffliegergefahr, um noch einen Holzbalken zu ergattern, da wir weder Kohlen noch Holz in der nächsten Zeit zu erwarten hatten ...
Heute morgen (19. 4.) erschienen überall Plakate: „Wer plündert, wird erschossen". Im nahen Tunnel stand nach der Spren-

gung noch ein Zug der „Ostarbeiter" nach Balingen. Da holte ich einige Gelbe-Rüben und aus einem Kohlegüterwagen unter Aufbietung aller Kräfte 2 Säcke Kohlen. Ich habe mich so ganz allein furchtbar geschunden, andere waren zu fünft oder sechs. – Banken und Läden sind natürlich geschlossen. Nur Brot gibt es mit Schlangen-Stehen. Leider keine Milch – da wird die Ernährung von RENATE sehr schwierig. Ich hatte aber Glück und fand einen Weingärtner mit Kuh, bei dem ich jeden Morgen 1/2 Liter Milch holen durfte, bis es wieder etwas geben würde. Da rase ich in der Frühe, wenn die Kinder noch im Bett liegen, über den Berg die Staffeln hinauf und hinunter in die „Gogerei". Wir dürfen von morgens 5^{30}–20 h ausgehen. Aber in der Frühe ist es noch so unheimlich einsam in den Straßen. Wir haben das Pech, an der Durchfahrtsstraße (von Hirschau her) zu liegen. Die Franzosen taten den Deutschen nicht den Gefallen, auf der Hauptstraße anzurücken. Gekämpft wurde nur kurz in Derendingen und Lustnau, wo es stark brannte. Wir bekamen zuerst alle kämpfenden Truppen hierher, „Gaullisten" mit Schwarzen durchsetzt, und schon nach der ersten Nacht gingen die wildesten Gerüchte um über Vergewaltigungen und Plünderungen. – Vieles blieb Gerücht, aber vieles ist auch passiert. Wir sollten auch Einquartierung bekommen, aber Onkel protestierte heftig, da doch schon 25 Leute im Haus seien. Da zog der Kerl wieder anständig ab und wohnt jetzt gegenüber. Im Haus daneben ist ein Stab eingezogen. Das hat die über Onkels Absage sehr erbosten Gemüter verschiedener Weiber im Hause wieder beruhigt! –
Von der Umwelt sind wir ganz abgeschnitten: keine Zeitung, kein Radio. Nur Gerüchte. Wo magst Du dies Trauerspiel erleben müssen. Mich schaudert, wenn ich hier deutsche Soldaten in die Gefangenschaft wandern sehe. Es ist alles so unsagbar traurig.
Gelegentlich spüre ich mein Herz, wie in Examenstagen. Aber ich will, wo's geht, mich schonen. Ich darf nicht schlapp machen.
27. 4.: Gestern war ein glücklicher Tag. Ich bekam, nach unendlichem Bangen, nun doch so einen Sparherd. Zu Hause räumten

wir schnell um und stellten den „Puppenherd" auf den Tisch mit Abzug ins Kamin. Gleich wurde er mit Bratkartoffeln eingeweiht. Es ist alles „Liliput" daran, und im Frieden würde es den idealsten Kinderherd abgeben. Aber die Leistung ist fabelhaft, und wir aßen heute erstmals wieder zeitig und gut gar gekochtes Essen. Auch Milch gab es gestern wieder, 1/2 l Vollmilch für RENATE und 3/4 l Magermilch für die anderen. Das ist fein! Da bin ich heute zum letzten Mal über den Berg und verabschiedete mich von meinen netten Weingärtnern.
Heute gibt es auch wieder Strom, und damit sind meine Kochsorgen behoben. Jetzt können wir auch den ersten Nachrichtendienst der Besatzung hören. Noch tobt der Kampf, und ich vermute Dich in Oberbayern. Was man über die neuen Essenrationen hört, ist sehr traurig. Aber ich hoffe, Gott wird uns weiterhelfen. Die Kinder sind wohlauf. Heute bekam ich für 30 Pfennig Knochen beim Metzger, ob es morgen wohl etwas Fleisch oder Wurst gibt?
Heute wurde hier ein Aufruf angeschlagen, alle Männer von 17–60 Jahren haben sich zum Hilfsdienst zu melden. Ach wärst Du doch hier. Das bißchen Schippen und Schaffen wollten wir schon auf uns nehmen. Ach, ich muß den ganzen Tag an Dich denken, ob Du wohl gefangengenommen wurdest oder ob Du Dich so durchzuschlagen versuchen wirst. Alles male ich mir aus, nur daß Du nicht mehr kommst, das kann und will ich nicht denken.
5. Mai: Mit welcher grausiger Erinnerung werden für unser ganzes Leben diese schönen Maientage verbunden sein. Und doch ist es eine Gnade, daß dieser furchtbare Zusammenbruch nicht im Herbst oder Winter erfolgte. Und darf man nicht hoffen, daß bis zum Winter der durch sinnlose Zerstörung gestaute Strom des deutschen Lebens wieder in geordneten Bahnen fließt. Aber mein Leben ist sehr anstrengend geworden, vor allem durch das frühe Aufstehenmüssen und stundenlanges Schlangestehen, das nun fast täglich notwendig ist.
Aber mittags ist Ruhe, und ich kann mich dann den Kindern widmen. URSEL (Anm.: 12 J.) ist sehr eifrig und recht zuverlässig, natürlich oft auch herrisch und unerträglich, besonders mit

TRUDI (Anm.: 8 J.), so daß es oft nicht ohne Krach abgeht. Aber das ist alles nicht so tragisch. Ohne ihre Hilfe müßte ich mich zweifellos noch viel ärger plagen. Wenn es irgend geht, lasse ich ihr aber Zeit zum Lesen und Spielen. Gestern hat sie sehr pünktlich unter meiner Anleitung ein kleines Wäschle alleine weggebügelt. Wir werden ja fernerhin sehr einfach und sparsam leben müssen. Die Kinder gedeihen gut, und durch geschicktes Haushalten haben wir noch immer ausreichende und abwechslungsreiche Kost.

Meine Gedanken, durch den Alltag nicht genügend eingenommen, beschäftigen sich Tag und Nacht viel mit der Zukunft. Heute gab ich einer netten Frau, die demnächst nach Freiburg gehen will, ein Briefle an die Eltern mit. Auch mein Ziel ist Freiburg. Ich will hier nur bleiben, bis Du kommst oder eine Nachricht oder eine Weisung von Dir. Sind mir meine Sachen in Freiburg erhalten geblieben, so werde ich versuchen, damit wieder ein Heim für uns aufzubauen. Hier mag ich nicht unnötig lange bleiben. Ach, wüßte ich nur, was aus Dir geworden ist und weiterhin werden soll, denn danach richtet sich unser ganzes Leben. Könnte ich Dir nur mitteilen, daß wir alle zu den Überlebenden gehören, die zwar furchtbar geschlagen und belastet ihren Weg gehen, aber nicht geschlagen genug, um alle Hoffnung aufzugeben, sondern noch voll Mut und Lebenswillen. Wir werden uns, trotz allem, wieder eine kleine, bescheidene Welt aufbauen. Ach wären wir beide nur erst wieder zusammen, das gäbe Trost und Kraft zu neuem Anfang. Gewiß sitzest Du untätig oder mit Schippen oder ähnlichem beschäftigt in einem trostlosen Gefangenenlager und zermarterst Dein Hirn über Dein und unser und des lieben Vaterlandes grausiges Geschick.

20. 5.: Pfingstsonntag – Muttertag – Nie noch feierte ich ihn so verlassen, dazu fast am Todestag unseres ersten Kindes. Immer kam doch wenigstens ein Kärtle mit ein paar lieben Worten von Dir oder Oma oder jemand half den Kindern ein wenig nach bei ihren guten Absichten. Diesmal unterblieb alles, kein Gruß, kein Verslein, keine Blumen ... Auch fehlte heute, außer Dir, auch so sehr mein gutes HANNELE (Anm.: 11 J., bei der Patentante in Oberlenningen).

28. 5.: URSEL ist seit heute wieder von der Schule erfaßt, zum Heilpflanzen- und Kartoffelkäfersammeln. Damit fällt meine beste Stütze aus. Ach käme doch Nachricht von Dir.
3. 6.: Ich ging mit RENATE allein noch ein wenig Hirschau zu, derweil die anderen auf der Straße spielten. Einen sehr schönen Strauß brachte ich heim: Schafgarbe, die große Flockenblume, Hornklee und noch etwas schönes Gelbes-Ginsterartiges. – Ach, ich weiß nicht mehr viel und bin sehr überholungsbedürftig. Oft bewegt mich der Gedanke, was aus uns würde, wenn Du nicht mehr kämest. Da müßte ich versuchen, wieder in den Schuldienst zu kommen, das wäre recht hart, aber müßte wohl sein! Aber vorerst erfüllt mich noch ganz die Hoffnung, daß Du wiederkommst. ...

Ich treffe wieder die alten Freunde, wie SCHURHAMMER und OEHME. Mit ASAL fahre ich an den Kaiserstuhl zur Pulsatillen-Blüte! Fahre ins Schwäbische, wo sich noch zwei unserer Kinder befinden, und hole in Günz meinen Koffer mit dem geretteten Material ab! Da kommt ein Telegramm aus Hohenheim von H. WALTER, ob ich nicht als Assistent zu ihm ins Botanische Institut kommen wolle – es gäbe so viele Studenten und keine Hilfskräfte. Ich machte mich sofort auf den Weg über Karlsruhe, wo mir im Braun'schen Verlag Herr KNITTEL meine Flora-Manuskripte in die Hand drückte. Er hätte kein Interesse mehr an meinem Projekt! Aber ich arbeitete weiter daran, und als ich am 10. Mai meinen Dienst in Hohenheim (Kleines Praktikum, Exkursionsführungen usw.) antrat, tauchte im Institut der „alte ULMER" auf (der wieder Drucklizenz bekommen hatte), auf der Suche nach Autoren. Er sagte sofort zu, meine inzwischen fast fertige „Flora" zu übernehmen. Herr WALTER war wohl nicht ganz zufrieden mit mir, da ich zuviel über meinen Manuskripten saß und mich zu wenig dem Wiederaufbau der Institutssammlungen widmete. Schon Ende Juni wurde ich von der Universität entlassen, da ich nicht „entnazifiziert" sei – ELLENBERG wurde mit einiger Verzögerung mein Nachfolger. Inzwischen bot TÜXEN mir an, mich an einer Kartierung der „Kiefernkrüppelwälder" (DIEPOLD)

in der Oberpfalz durch K. BUCHWALD und O. H. VOLK zu beteiligen, wo es viel Interessantes zu sehen und soziologisch aufzunehmen Gelegenheit gab.
Ende Juli war ich wieder in Freiburg, man sammelte Bucheckern, schlug vom Forstamt angewiesenes Holz ein, für den drohenden kargen Winter. Im Dezember meldete ich mich auf dem Kultusministerium in Karlsruhe! Berge von Naturschutzakten warteten auf mich. „Wo waren Sie denn so lange?" hieß es. Ich mietete mir ein Zimmer, wurde in sogenannter gewöhnlicher Arbeit (300 Mark im Monat) an den Badischen Landessammlungen für Naturkunde angestellt, hatte aber den Naturschutz in Nordbaden wieder aufzubauen. Es galt auch, eine Entnazifizierungsentscheidung herbeizuführen. Aber da hatte ich Glück! Ich besuchte meinen alten Stammtisch im „Fässle". – Da waren sie wieder, die alten „Meckerer" und Demokraten, KNEUCKER (der kurz darauf verstarb), JAUCH, der Adventiv-Florist, Vater und Sohn Höss, der Pilz-STRICKER und andere. Und JAUCH (altes und neues Mitglied der Demokratischen Partei) war Beisitzer bei der sog. Spruchkammer für die Entnazifizierung geworden. Es dauerte also nicht lange (April 1947), bis ich als „Mitläufer" entnazifiziert war. Ich hatte auch fulminante Entlastungsschreiben, sogenannte „Persilscheine" vorzuweisen, von SONJA aus London, von Frau LAIS (LAIS selbst war kurz vor Kriegsende verstorben), von Freund SLEUMER und anderen. Am 1. August 1947 wurde ich wieder als „Konservator" bestätigt. Anfang Februar 1947 fuhr ich für ein paar Tage nach Stolzenau/Weser und fand liebe Aufnahme in der Familie TÜXEN, mit anregenden Gesprächen und Diskussionen. Auch LOHMEYER, PREISING, ELLENBERG, BUCHWALD (z. T. in „Wartestellung") usw. arbeiteten bereits wieder an der „Zentralstelle".
In Karlsruhe fand sich bald wieder mit Hilfe von Bergwachtfreunden eine Wohnung im oberen Stock der damals so modernen Dammerstocksiedlung. Aber bei Regen tropfte es von der Decke, und die Zentralheizung war noch nicht intakt. Als wir (immer meine tüchtige Frau nicht zu vergessen) kurz vor Ostern einziehen konnten, mußten wir (mit einigem Mobiliar, das die Schwiegermutter zur Verfügung stellte) noch einen Ofen anschleppen und ein Fensterrohr montieren. Alles kam bald in

Ordnung! Der Umzug bereitete einige Schwierigkeiten, denn Freiburg war französische, Karlsruhe amerikanische Besatzungszone. An der Grenze vor Rastatt wurde kontrolliert, und es spielten sich im Zug oft tumultuarische Szenen ab. – Aber ich hatte zwei Ausweise, einen französischen noch aus der Zeit, da ich mich (März 1946) aus der Gefangenschaft in Freiburg zurückmeldete, und einen amerikanischen, den ich Ende 1946 in Karlsruhe ausgehändigt bekam. Bei der amerikanischen Kontrolle zückte ich meinen Karlsruher Ausweis, bei der französischen Kontrolle wies ich mich als Freiburger aus!

In Freiburg hatte ich schon 1946 wieder Kontakt mit dem Waldbau-Institut aufgenommen. Prof. VANSELOW war von Prof. ZENTGRAF abgelöst worden. ZENTGRAF empfing mich mit offenen Armen, ich habe ihm viel zu verdanken. Er vermittelte mir eine pflanzensoziologische Kartierung des Stadtwaldes Freiburg (1:5 000 und 1:10 000), gleichzeitig nahm er den arbeitslosen Kollegen, den ehemaligen Hauptmann Prof. F. K. HARTMANN (Göttingen), unter seine Fittiche. Er durfte den Lehrwald der Forstabteilung, das Wildtal, kartieren. Abends saßen wir in einer der wenigen schon geöffneten und daher immer überfüllten Gaststätten Freiburgs, dem „Hohenzollern" (Urachstraße), zusammen. Und HARTMANN breitete zum Leidwesen der Bedienung sein Pflanzenmaterial auf dem Tisch aus, das ich bestimmen oder bestätigen sollte! Ich arbeitete zusammen mit einigen Forststudenten. Daraus entwickelte sich ein kleiner Exkursionsbetrieb, dem sich auch an der Kartierung nicht beteiligte Studenten (wie P. SEIBERT) oder solche der Biologie (wie G. LANG) anschlossen. Das ganze mündete schließlich in einen Lehrauftrag für „pflanzensoziologische Standortskunde", mit dem ich zum 25. Januar 1950 beauftragt wurde. Die pflanzensoziologischen Karten des Stadtwaldes bildeten eine wertvolle Unterlage für die Forsteinrichtung, wie mir der damalige Forstamtsvorstand von Freiburg, RITTER, versicherte.

In der Folgezeit gab es einige Irritationen mit der Pflanzensoziologie! Schon 1947 kam eines Tages mit seinem schweren Motorrad G. SCHLENKER bei mir in Karlsruhe angefahren und wollte mich zu seiner Methode mit den „ökologischen Artengruppen" überreden. Er plane auf dieser Basis bei der Forstlichen Versuchs- und Forschungsanstalt, bei der er seit 1939 angestellt war, eine Standortskartierung durchzuführen. Ich hielt das ganze für ein lokal und praktisch durchaus anwendbares Verfahren, blieb aber bei meinen „Assoziationen". Wenig später kam R. KNAPP mit seiner Frau, die ich als GERTRUD SCHWARZ schon kannte (sie hatte bei TÜXEN gearbeitet), und wollte mir das System der „Hauptassoziationen" schmackhaft machen. Das war mir aber eine zu unhandliche und abstrakte Geschichte, ich blieb wieder bei meiner Auffassung, daß Assoziationen eben „Gebietsassoziationen" sein sollten und daß man zwischen Assoziation und Verband nicht noch eine weitere Abstraktion benötige! Später, ich weiß nicht mehr, war es 1949 oder 1950, gab es einmal eine hitzige Kolloquiumrunde in Freiburg. SCHLENKER hielt einen Vortrag über sein Verfahren der Standortsaufnahme und kritisierte auch den Assoziationsbegriff BRAUN-BLANQUETS. – Der Hörsaal war überfüllt mit Studenten und Dozenten, unter denen auch der Geograph Prof. METZ war, den ich vom „Alemannischen Institut" her kannte. (Übrigens, gegenüber im auch überfüllten Audimax hatte gerade HEIDEGGER wieder mit seinen Vorlesungen begonnen!) Es gab eine Diskussion, in der ich meinen Standpunkt unter viel Beifall verteidigte, auch die Kollegen von der Forstabteilung, allen voran ZENTGRAF, auch ABETZ sen., verteidigten mein Verfahren. SCHLENKER erhielt allein Unterstützung von SPEER (dem späteren Präsidenten der Deutschen Forschungsgemeinschaft) und hatte natürlich auch seine zustimmende Gefolgschaft. Noch später schrieb SCHLENKER böse Briefe an die vier Forstdirektionen Baden-Württembergs, in denen er mir unterstellte, ich wollte ihn beruflich schädigen, was mir völlig fern lag! Ich fand wieder die Unterstützung ZENTGRAFS. Ich hatte übrigens in meiner Vorlesung durchaus objektiv immer auch das offiziell gewordene Verfahren der Standortskartierung nach SCHLENKER dargestellt, aber ich verhehlte nicht, daß ich es für zweckmäßiger hielte, wie es anderwärts gemacht wurde, allgemein verbindliche pflanzensoziologische und getrennt davon Bodenkarten zu entwickeln, um daraus Betriebszielkarten abzuleiten. SCHLENKER hatte auch einen Lehrauftrag erhalten, den er aber bald wieder aufgab, da seine Vorlesungen kaum besucht wurden. Späterhin hat dann SCHLENKER doch seinen Mitarbeitern meine „pflanzensoziologische Flora" als Ratgeber empfohlen. Und wir haben schließlich am Ende unserer Tage noch einige freundliche Briefe miteinander gewechselt.

Es gab in den fünfziger Jahren schöne und auch für mich lehrreiche Studentenexkursionen, an denen alle Forstdozenten teilnahmen und die „Waldbilder" von allen Seiten beleuchtet wurden, bodenkundlich von GANSSEN, waldbaulich von ZENTGRAF, ertragskundlich von den Professoren MITSCHERLICH, ABETZ sen. oder PRODAN, waldgeschichtlich von Prof. HILF. Leider schlief dieses Konzept ein, als die Waldbauprofessur nach der Emeritierung von ZENTGRAF zu dem mir aus Karlsruhe bekannten Dr. BAUER wechselte. BAUER hatte viel gegen die pflanzensoziologische Methode einzuwenden. Aber es wurde immer freundschaftlich diskutiert!

Inzwischen hatte mein Schüler N. HAILER (heute Forstdirektor i. R., Prof.), der in der heimatlichen Pfalz (Annweiler) in den Forstdienst übernommen worden war, bei seiner Forstdirektion eine pflanzensoziologische Kartierung auf der Grundlage des Assoziationsbegriffes in Gang gebracht. Wir waren öfter miteinander im Gelände. Und es bewahrheitete sich wieder einmal, daß der „Prophet in seinem Vaterlande" wenig gilt. Übrigens wurden wir später doch von den Forstämtern Ettlingen und Heidelberg zu pflanzensoziologischen Kartierungen ihrer Amtsbereiche aufgefordert, die G. LANG durchführte.

Nun muß ich zunächst wieder in das Jahr 1947 zurückkehren. Im Juli erhielt ich von der Bayerischen Botanischen Gesellschaft eine Einladung, mich an einem „Botanischen Kurs" im August in Oberstdorf zu beteiligen! Vorstand der Gesellschaft war der Geheimrat HEPP, ein bekannter Pflanzenliebhaber, mit KNEUKKER befreundet und mir aus der Vorkriegszeit aus Karlsruhe bekannt. Er war hauptamtlich Referent im bayerischen Finanzministerium, dem in Oberstdorf eine Finanzschule unterstand. Sie war in der Ferienzeit nicht belegt, und HEPP gelang es, seine „Botanische Gesellschaft" dort für einige Wochen unterzubringen. Auf dem Hinweg machten wir Station bei „meiner Bauersfamilie" in Günz, bei der ich einst im Quartier lag, und eines unserer Mädels konnte dort später mehrfach „Ferien auf dem Bauernhof" genießen. Mit roten und dicken Backen nahmen wir sie bei der Rückkehr wieder in Empfang. Endlich konnten auch wir uns wieder einmal sattessen, denn die Küche in Oberstdorf kochte friedensmäßig für die Kursteilnehmer wie für die „Finanzschüler". Ich begegnete wieder MEUSEL und lernte neu mir aus der Literatur bekannte bayerische Botaniker kennen, z. B. Prof. PAUL, der mich einmal privatissime zu einer Fundstelle von *Carex heleonastes* führte, dann HÖLLER und vor allem den Studiosus MERXMÜLLER, der über eine erstaunliche Pflanzenkenntnis verfügte und uns in die Kenntnis alpiner Hieracien einführte. Für mich ergab sich die Gelegenheit, pflanzensoziologische Aufnahmen zu sammeln und die Aufnahmetechnik zu demonstrieren. Diese Kurse wiederholten sich 1948 und 1949 (jedesmal mit Zwischenstationen in Günz). Das Resultat dieser Ereignisse war 1950 die Arbeit über die Allgäuvegetation! 1948 war auch das Jahr, in dem ich endlich BRAUN-BLANQUET persönlich kennenlernen sollte, nachdem wir schon vor dem Krieg manche Briefe getauscht hatten, in wissenschaftlichen Fragen oder in Vorbereitung meines für Herbst 1939 geplanten Studienaufenthaltes in Montpellier. O. H. VOLK hatte BRAUN-BLANQUET zu einer Gastvorlesung für den 28./29. Juni 1948 nach Würzburg eingeladen und mir angeboten, auch daran teilzunehmen. Ich könne bei ihm übernachten. Das war Anfang Juni – aber am 18. 6. 48 kam die Währungsreform*, und man

---

* Wirtschaftlich ging es danach in Deutschland, wenigstens im Westen, rasch aufwärts. Von heute aus betrachtet war das etwas paradox anmutende Ergebnis der zwei von und gegen Deutschland ausgelösten Kriege: der Aufstieg der U.S.A. zur Weltmacht, verbunden mit einem Machtniedergang von England und Frankreich! Deutschland ist trotz großer Gebietsverluste noch einmal (wie Japan) davongekommen und wird mehr und mehr, bei zunehmender Internationalität der Weltstruktur, ob es will oder nicht will, in die Rolle einer europäischen Zentralmacht hineingedrängt. – Rußland hat sich wieder einmal als „Riese auf tönernen Füßen" erwiesen und verbleibt im Rücken Europas als ein auf lange Sicht gesehen unberechenbares und etwas unheimliches Machtgebilde (als Hilfe oder Bedrohung!)

stand ohne Geld da. Es galt, Formulare auszufüllen, das „Kopfgeld" für die Familie abzuholen. Ich packte also mein Kopfgeld von 40,– (und vielleicht noch einiges vom Familienbudget dazu), um damit nach Würzburg zu fahren. Da meine Familie mehrere „Köpfe" umfaßte, konnte ich mir schon leisten, etwas von diesem ersten neuen Geld für Würzburg zu „verprassen". Ich fuhr in einem fast leeren Zug am 26. Juni nach Würzburg und wurde von Volk und Zeidler lieb in Empfang genommen. Die noch völlig zerstörte Stadt machte einen trostlosen Eindruck. Dann kam Braun-Blanquet in einer amerikanischen Limousine von München angefahren. Vorlesungen, Kartendemonstrationen, Besuch beim Botanik-Ordinarius Burgeff und lange Diskussionen in kleinem Kreis bis nach Mitternacht. Am 29. 6. standen Exkursionen nach Grettstadt zu den „Stipeten" und zu den von Volk beschriebenen Trockenrasen an den Wellenkalkhügeln unterhalb von Würzburg auf dem Programm (immer mit dem amerikanischen Wagen und Chauffeur). Am 1. Juli war ich wieder in Karlsruhe. Und es galt zunächst, mich wieder in die Berufsarbeit einzufinden!

Ich war inzwischen zu einem „Landesbeauftragten für Naturschutz und Landschaftspflege für Nordbaden" ernannt worden. Gleichzeitig bat man mich, nebenamtlich das Naturkunde-Museum zu betreuen. Die Direktorenstelle im Stellenplan war nach Zurruhesetzung von Prof. Auerbach gestrichen worden. Eine schwierige Doppelarbeit, für die ich nie entschädigt wurde. Mein Referent war der mir aus den Anfängen meiner Schulzeit (1931) nicht unbekannte Ministerialrat Heidelberger. Langsam fanden sich im Museum die alten Mitarbeiter wieder ein: die Zoologen J. Hauer und M. Ritzi, der zoologische Präparator K. Silber. Der Botaniker Kneucker war Ende des Jahres 1946 verstorben. Dafür wurde Prof. Hruby, der mit einem Flüchtlingszug aus Brünn nach Karlsruhe gekommen war, auf Empfehlung von Hepp (München), übernommen. Auch die Leiter der geologischen und mineralogischen Abteilung, Prof. Frentzen und Prof. Schwarzmann, waren inzwischen verstorben. Für die Geologie konnte ich Herrn Dr. Jörg, inzwischen Assistent am Geologischen Institut in Freiburg, gewinnen, dem ich in der

Forschungsstaffel unterstellt war und den ich vor allem wegen seines Organisationstalents schätzte. Er wurde später mein Stellvertreter und Nachfolger und stand mir beim Wiederaufbau unseres völlig zerstörten Museumsgebäudes tatkräftig bei. Als ich 1957 nach Südamerika ging, übernahm er die Baubetreuung in voller Verantwortung. Der Wiederaufbau hat sich nach finanziell bedingten Unterbrechungen und verbunden mit einigen Schwierigkeiten (z. B. versuchte das Bundesverfassungsgericht, unser Museumsgebäude mit seiner respektablen Fassade für sich zu gewinnen) über 20 Jahre hingezogen. Ich war bereits im Ruhestand, als ich 1973 an einer offiziellen Feier zum Abschluß unserer Wiederaufbaubemühungen teilnehmen konnte! Aber schon 1948 konnte in einem wiederhergestellten Ausstellungssaal eine Vogelausstellung eröffnet werden, die Herr J. HAUER aufgebaut hatte. 1949 übernahmen wir eine Aquarien- und Terrarienschau, das sogenannte Vivarium, das Herr Hauptlehrer FESSENMAIER im Kellerraum des zerstörten Lehrerseminars als Lehrmittel aufgebaut hatte. Damit war ein Anfang gemacht, und bald registrierten wir steigende Besucherzahlen! Nun galt es auch, den Naturwissenschaftlichen Verein Karlsruhe wieder zu neuem Leben zu erwecken. Prof. SCHWARZMANN hatte schon alles in die Wege geleitet. Nach seinem Tod führte ich die Geschäfte weiter. Herr Studiendirektor i. R. DOLLAND konnte als neuer Vorstand gewonnen werden. Auch die Vereinszeitschrift, deren Schriftleitung ich übernahm, wurde wieder ins Leben gerufen. Gegen das Ansinnen DOLLANDs, die Vereinsleitung selbst zu übernehmen, habe ich mich lange gewehrt. Erst, nachdem er von schwerer Erkrankung sprach, konnte ich mich nicht mehr versagen. Herr DOLLAND wurde dann 106 Jahre alt. Ich stellte mich auch wieder dem aktiven Dienst der Bergwacht mit Vorträgen und sonntäglichen Verpflichtungen zur Verfügung.
Nicht weniger Sorgen bereitete der Naturschutz. Die wieder hergestellten rechtlichen Grundlagen ermöglichten erneut, Natur- und Landschaftsschutzgebiete einzurichten, im Benehmen mit dem Stadtplaner von Heidelberg, z.B. das Landschaftsschutzgebiet „Bergstraße", dazu kamen solche im Taubertal oder Albtal. Ich konnte an den deutschen Naturschutztagen,

z. B. in Boppard, München, Bad Schwalbach, Hamburg, Münster, Oldenburg oder Kassel teilnehmen, Städte, die ich später z. T. noch einmal auf Tagungen mit dem Museumsbund besuchte. Um nun zur Vegetationskunde zurückzukehren, so hatte ich den alten Plan zu einer systematischen Herstellung von pflanzensoziologischen Kartenblättern 1:25 000 wieder aufgegriffen, den ich nach Zurruhesetzung von Prof. HRUBY zusammen mit dem neu für die botanische Abteilung des Museums gewonnenen, gerade frisch bei FIRBAS (Göttingen) promovierten GERH. LANG in Angriff nehmen konnte. Mittel hierfür wurden wie in Stuttgart im Haushaltsplan des Museums verankert. Wenn die Tabelle nach BRAUN-BLANQUET der „Prüfstein des Pflanzensoziologen" ist, so ist gewiß die Kartierung der Vegetation seine Schule und Krönung!

Nach meinen Erlebnissen und Arbeiten im Hoch-Allgäu hat mich die Alpenvegetation so sehr beschäftigt und fasziniert, daß wir unsere Urlaubspläne in den folgenden Jahren auf die Alpen ausrichteten und uns schon im August 1951 entschlossen, ins Oetztal zu fahren, wo es Hütten des Alpenvereins Karlsruhe gab, bei dem ich mich inzwischen engagiert hatte. Mit ILSE und HANNE fuhren wir teils mit der Bahn, teils mit einem Motorrad, das ich mir inzwischen wieder erworben hatte, nach Obergurgl und stiegen zu unserem Standquartier, der Langtaler Eck-Hütte, hoch. Es war mein Gedanke, die Alpenvegetation von Ost nach West in ihrer ganzen Längenerstreckung zu studieren. So „urlaubten" wir in den folgenden Jahren auf der (auch dem Karlsruher Alpenverein gehörenden) Madrisa-Hütte im Montafon, kurvten in den folgenden Jahren über den Paß beim Großen Bernhard oder den Sustenpaß, waren dann weiter am Col d'Isère und Galibier, besuchten anschließend die Riviera, und als ich 1956 endlich auf einen „Volkswagen" umsteigen konnte, holten wir noch den Großglockner nach, nicht ohne auch das alte Venedig besucht zu haben. 1952 gewann mich Dr. NOLD, Freiburg (früher Assistent am Botanischen Institut, jetzt im Schuldienst), als wissenschaftlicher Leiter für eine von ihm im Rahmen der Volkshochschule geplante Omnibus-Fahrt nach

Südfrankreich. Es wurde für viele, z. B. Frau BUCK-FEUCHT, zu einer Wallfahrt zu BRAUN-BLANQUET. Zunächst machten wir Station bei Prof. MOLINIER und fuhren zu den von diesem mit der Vegetation kartierten La Sainte Beaume, wo es eine völlig isolierte Buchenwald-Insel gab. An dem von Ost nach West ziehenden Kamm lag auf der Nordseite in der Nachbarschaft eines Klosters eine Kloster-Hotellerie, in der wir übernachteten. Wir stiegen zunächst zur Hotellerie durch einen nordseitigen, naturnahen Flaumeichenwald an, ein „Quercetum pubescentis", wie es in unserem Buchenwaldgebiet nur südseitig entwickelt ist. Anderntags ging es weiter hoch zum Fagetum! „Attention", dozierte MOLINIER, *„Miliüm effüsüm*, très rare chez nous!" Bald standen wir oben auf dem Kamm mit einem überraschenden Blick nach unten – am Südhang der immergrüne *Quercus ilex*-Wald, am Nordhang fiel gegen den Flaumeichenwald die untere Grenze des Buchenwaldes genau mit der Grenze des mittäglichen Schattens zusammen, den der Kamm nach unten warf. In Montpellier demonstrierte uns BRAUN-BLANQUET seine Rosmarineten und Brachypodieten oder im Parkgarten seines Anwesens ein Quercetum ilicis, das er ohne einzugreifen als „Klimax" einfach hatte durchwachsen lassen. Schöne naturnahe Steineichen-Bestände sahen wir auch in der Umgebung des Pont du Gard, das Flüßchen, der Gard in der Tiefe selbst von sommergrünen Weißpappelbeständen begleitet! Wir besuchten mit MOLINIER auch Hyères und die dortigen Korkeichen-Wälder auf kalkarmen Böden. Es war eine eindrucksvolle Demonstration der mediterranen Vegetation, die viele zum erstenmal erlebten! Ich selbst hatte einen (vervielfältigten) Führer (nicht publiziert) durch die Vegetationslandschaften, die wir auf unserer Fahrt erlebten, verfaßt. Am Ende der Fahrt gab es für meine Frau und mich noch eine lustige persönliche Überraschung in Colmar, wo vor Überschreitung der Grenze eine Pause eingelegt wurde, die wir zu einem Besuch bei ISSLERS benützten. Gerade tags zuvor hatten unsere ehemaligen Hausleute, bevor unsere Wohnung geräumt wurde, noch einige Kleinigkeiten gerettet und zu ISSLER gebracht, z. B. die Traubibel, Photoalben, ein Kuckucksührle, das 1937 mein Schwiegervater den Kindern ins

Kinderzimmer geschenkt hatte; es lebt heute noch in meinem Haushalt in Freiburg. NOLDS Exkursion wurde 1953 noch einmal wiederholt, wobei wir diesmal über Carcassonne und Narbonne durch das Audetal die Westpyrenäen besuchten. Unterwegs gab es ein Bild mit einem *Dentaria heptaphyllos*-Buchenwald, das sich nur wenig von dem am Schönberg bei Freiburg unterschied. –

1953 war ein bewegtes Jahr. Im Mai fand ein „Naturschutztag" in Hamburg statt mit einer stürmischen Überfahrt nach dem noch völlig zerstörten Helgoland. Dann konnte ich Ende Juni an der vom Geobotanischen Institut Rübel veranstalteten Internationalen Pflanzengeographischen Exkursion (I.P.E.) durch Spanien teilnehmen. Im Zug nach Barcelona traf ich H. WALTER. Wir bummelten über die Ramblas der Stadt, gerieten ins Volksgewühl und wurden unversehens zur Teilnahme an der Sardana aufgefordert, einem katalanischen Kreistanz, der sich überall auf den Straßen entwickelt hatte. Der erste Exkursionstag führte in die Berge beim Montserrat. ORIOL DE BOLOS leitete zur soziologischen Aufnahme eines *Quercion pubescentis*-Gebüsches an. Etwas schwer fiel uns die Anpassung an die spanischen Lebensgewohnheiten. In der Frühe eine Tasse Kaffee und ein Brötchen, und die Hauptmahlzeit erst in der späten Nacht nach 22 Uhr, meist eingeladen von pharmazeutischen Lokalorganisationen, einer mächtigen Lobby, wie wir feststellten. Es gab bewegte Diskussionen zwischen den Teilnehmern, angeführt vom Leiter der Exkursion RIVAS GODAY (Madrid), der streckenweise von seiner Frau und seinem kleinen Söhnchen (dem späteren SALVADOR RIVAS MARTINEZ) begleitet wurde. Da waren GAMS, GAUSSEN, FAEGRI, Madame ALLORGE, NORDHAGEN (Norwegen), die Schweizer E. SCHMID, LÜDI, WELTEN und bei der deutschen Gruppe (außer mir) H. WALTER und TÜXEN. NORDHAGEN spielte oft den Abendunterhalter (als maître de plaisir), so wie später an den Abenden in Stolzenau oder Rinteln DIEMONT aus Holland! In Oviedo, wo wir zu einem großen Essen vom Gouverneur der Region eingeladen wurden, erhielt ich bei der Vorstellung einen strafenden Blick des hohen Herrn auf meine nicht ganz sauberen Schuhe – ich kam etwas verspätet von der

Fertigung einer Wiesenaufnahme. Ich war kein Caballero! Auf der Fahrt schloß ich mich vor allem Tüxen an, der im übrigen jeden Kontakt mit Gams peinlich mied. Als ein immer auf Harmonie bedachter Mensch versuchte ich dann und wann auszugleichen. Tüxen und ich sammelten mit großer Emsigkeit ein umfangreiches Aufnahmematerial, was wir zusammen publizieren wollten. Tüxen hatte mir das „Du" angeboten, wie übrigens auch Lüdi und Welten. Aber die von Tüxen und mir gemeinsam geplante Publikation zog sich einige Jahre hin und litt unter Unstimmigkeiten, die fast zu einem Bruch unserer Freundschaft führten.

Im Frühjahr 1954 besuchten meine Frau und ich Walo Koch in Zürich und Max Moor in Basel. Moor, den wir auf Schweizer Reisen auf dem Hin- oder Rückweg noch öfter „überfielen", war ein lieber Kerl, und er liebte seine Heimat und die heimatliche Vegetation über alles. Er war ein feiner und genauer Beobachter. Aber da er so sehr an seine heimische Vegetation gebunden war, fielen manche seiner Vegetationseinheiten etwas zu eng aus. Einmal schrieb er mir, wir (gemeint waren Th. Müller und ich) ertränken im Vergleichen! Mit Lohmeyer war er einmal bei mir in Karlsruhe. Wir fuhren durchs Albtal und erwanderten die Teufelsmühle.

Anfang Juli desselben Jahres (1954) fuhren meine Frau und ich mit einem geliehenen VW mit Gerhard Lang am Steuer und unserer Ältesten für 14 Tage nach Paris zum Internationalen Botaniker-Kongreß. Gerhard hatte gerade seinen Führerschein gemacht und unsere Tochter Ursel geheiratet. Neben vielerlei Sitzungen und Diskussionen erkundeten wir Paris. Am Sonntag, dem 4. Juli z. B., verzeichnet mein Tagebuch: „Morgens mit Hueck im Louvre, mittags im Bois de Boulogne und im Invalidendom, abends im ‚Moulin Rouge'" oder „mit Tüxen im chinesischen Restaurant". Bei der Tagung wurde eine Kommission gebildet, die den Assoziationsbegriff abklären sollte. Teilnehmer waren unter anderen Braun-Blanquet, Tüxen, Gams, Nordhagen, Molinier, um nur ein paar Namen zu nennen, an die ich mich erinnere. Schließlich kam eine Resolution zustande, die auch in den Protokollen des Kongresses publiziert wurde und in der, wie schon beim Kongreß 1935 in Amsterdam postuliert, der „Assoziations"-Begriff nur für durch Charakterarten gekennzeichnete Einheiten zu verwenden sei, für alles andere seien dagegen Begriffe wie Soziation, Synusie, Stadien, Gesellschaften usw. zu wählen. Leider haben sich diese Prinzipien auf die Dauer nicht durchhalten lassen. Der Assoziationsbegriff wurde auch für andere Methoden der Typisierung von Pflanzengesellschaften usurpiert, z. B. nachdem von SCAMONI und PASSARGE eine Abstraktion der Einheiten nach soziologischen Artengruppen erfolgte!

Wenn auch gewiß die Charakterarten (Kennarten)-Methode ihre Schwächen und Unschärfen aufweist, so ist das (bei meist engeren Begriffen) erst recht der Fall bei einer Typenbildung auf der Grundlage von soziologischen Artengruppen. – Nicht alle typisierbaren Gesellschaften der Vegetation haben allerdings Charakterarten, sie sollten deshalb nicht mit dem Suffix: „-etum" versehen, sondern als Gesellschaften (groupements) geführt werden. In den allermeisten Fällen sind trotzdem die Beziehungen zu den höheren Einheiten, den aufgrund ausschließlich gemeinsamer Arten gebildeten Verbänden und Ordnungen, zu erkennen und solchen anschließbar. Bei der Anordnung der Gesellschaften hat auch die Einführung von physiognomischen Begriffen eine verwirrende Rolle gespielt. Ich habe verschiedentlich (z. B. 1974, 1980) darauf hingewiesen, daß die floristische Struktur nicht immer mit der physiognomischen (Formationen) in Einklang zu bringen ist. Verwirrend ist auch der topographische Begriff der „Saumgesellschaft", da Trifolio-Geranieten oder Alliarion-Gesellschaften primär und sekundär auch flächenhaft entwickelt oder mit einem lichten Baumbestand verbunden sein können. Umgekehrt werden magere Gesellschaften, wie z. B. das Genisto-Callunetum in der heute zunehmend eutrophierten Landschaft auf „Säume" an Wald- und Wegrändern zurückgedrängt. Ungeachtet aller dynamischen Prozesse (also der Fragen nach dem Woher und Wohin) kann es bei der synsystematischen Analyse immer nur auf die aktuelle floristische Zusammensetzung ankommen! Jede Assoziation ist auch eine Gebietsassoziation mit einer regional oder territo-

rial charakteristischen Artenkombination, einer bezeichnenden Kennartengarnitur. Die Abstraktion sollte nicht zu weit getrieben werden, sondern das Lebendige hinter dem Begrifflichen sichtbar bleiben! –
Bei meiner Arbeit in Karlsruhe war es in diesen Jahren etwas eng geworden. So habe ich auf Drängen meiner Forststudenten in Freiburg („Kann das alles, was Sie uns da erzählen, für unseren süddeutschen Raum nicht auch einmal gedruckt werden?") die Zusammenstellung der „Süddeutschen Pflanzengesellschaften" begonnen, die 1957 bei Fischer-Jena erscheinen konnten. Die pflanzensoziologische Kartierung wurde fortgeführt. G. LANG hat sich des Meßtischblattes Freiburg angenommen. Der Lehrauftrag in Freiburg mit Vorlesungen und Exkursionen lief weiter. Für den Naturwissenschaftlichen Verein waren Vortragsredner zu finden oder Exkursionen zu organisieren. Die Naturschutzarbeit rief mich immer wieder ins Gelände. Verwaltung und Wiederaufbau des Museums nahmen immer größere Ausmaße an. Auf die Dauer schien das alles nicht mehr vereinbar zu sein. Im Museum grummelte es, daß ich zu wenig in Stuttgart beim Ministerium antichambriere.
Endlich tauchte (Mitte der fünfziger Jahre) im Etat der Landessammlungen für Naturkunde wieder die Direktorenstelle auf. Aber nun galt es, nach dem damals geltenden § 131 einen „verdrängten Beamten" zu finden, nach dessen Einstellung die Direktorenstelle erst besetzt werden konnte. Einige Zeit ging verloren. Da ergab es sich endlich, daß an Stelle des gerade zur Ruhe gesetzten Hausmeisters (LAMPRECHT) ein ehemaliger Berufssoldat (also ein verdrängter Beamter) (BRÄUNINGER) treten konnte. „Sie sind also jetzt", sagte mein Ministerialrat ASAL, den ich auf einer Naturschutztagung oder in Freiburg immer wieder einmal traf, „auf den Schultern Ihres Hausmeisters in die Direktorenstelle eingetreten." Aber gut Ding will Weile haben! Erst 1958 in Chile, in Santiago, anläßlich einer Einladung durch den Botschaftsrat DIEHL (dem nachmaligen Regierungssprecher und späteren Botschafter in Indien), wurde mir überraschend die (nachgesandte) Ernennungsurkunde überreicht.

Inzwischen hatte mich SCHMITHÜSEN, der die Geographie an der Technischen Universität Karlsruhe vertrat, aufgefordert, ihn auf einer Expeditionsreise nach Chile bzw. Südamerika zu begleiten, um die vegetationsgeographischen Forschungen zu vertiefen. Ich sagte sofort zu, zumal ich der Ansicht war, daß ein brauchbares pflanzensoziologisches System nicht nur der umfassenden Erkundung und Anschauung der eigenen europäischen Vegetationskreise, sondern auch der Kenntnis anderer Vegetationskreise dieser Erde bedarf. Erleichtert wurde das Unternehmen dadurch, daß SCHMITHÜSEN persönliche Beziehungen im Lande hatte, das er vor einigen Jahren schon einmal besucht hatte. Der Hinflug Ende Dezember 1957 war damals noch ziemlich abenteuerlich, mit vielen Zwischenlandungen, z. B. in Rio de Janeiro, in Sao Paolo und in Montevideo. Unser Ziel war Buenos Aires, von wo wir nach einigen Tagen mit einem Transkontinentalzug durch die Pampas und von Mendoza aus über die Anden (Portillo) Los Andes in Chile erreichten. Am Neujahrstag 1958 – wir waren inzwischen in den Südsommer geraten und die Sonne stand im Norden – nahmen wir dort eine der vielen Pferdedroschken – ein Bild aus stehengebliebener Zeit, um die Landschaft etwas zu erkunden. In Limache besuchten wir einen alten Bekannten von SCHMITHÜSEN, den Hobby-Botaniker GARAVENTA, der uns auf einer Exkursion in die mittelchilenische Hartlaubvegetation einführte, mit den Vorposten der weiter nördlich vorkommenden Dornstrauch- und Kakteenvegetation (Säulenkakteen, Puja). Schließlich waren wir einige Tage in Santiago mit Besuchen und Vorbereitungen weiterer Unternehmungen beschäftigt. Von den Erlebnissen der folgenden Wochen sollen nur einige Glanzlichter herausgehoben werden, etwa der Besuch der Araukarien-Urwälder: Mit einem „Holzauto" fuhren wir durch gespenstische Brandrodungs-Landschaften nach Trafun, wo wir von dem sudetendeutschen Forstmeister MITTAK und seiner Familie herzlich empfangen wurden. Er verwaltete ein riesiges privates Urwaldgebiet am Fuße des Quetro-Pillan von der Größe eines Landkreises. In den unteren Lagen gab es forstliche Versuche mit der Douglasie. Dann ging es mit Pferden einen schmalen Pfad durch den Urwald hoch zu den Araukarien. – Inzwischen war auch Prof. KÜHLWEIN aus Karlsruhe zu uns gestoßen! Zunächst durch wintergrüne Wälder erreichten wir zuletzt das sommergrüne Nothofagus pumilio-Gebiet, wo darin eingebettet (in 1450 m Höhe) an trockenen, nordexponierten, also sonnenexponierten Kanten der tausendjährige Araukarien-Wald stand. (Der Forstmeister zählte bei einer Baumkernbohrung 850 Jahresringe.) Der Südbuchen-(Nire) Wald war ein einschichtiges Altholz und erinnerte strukturell an unsere Bergahorn-Buchenwälder. Aber, was wie „weißer Hahnenfuß" aussah, war *Anemone antucensis* und was an den Alpenmilchlattich (*Cicerbita alpina*) erinnerte: *Perezia brachylepsis*. Der Araukarienwald war ein lichter, gestufter Wald, der mit *Carex trichoides* etwas an unsere *Carex alba*-Kiefernwälder gemahnte. Wir zelteten am Rande einer primären „Märchenwiese" mit *Phleum alpinum* und Enzianarten. Über der Waldgrenze gab es in einer andinen Rasen- und vulkanischen Steinschutt-Landschaft wieder zahlreiche physiognomische Analogien zur europäischen hochalpinen Vegetation.

Kurz zuvor besuchten wir in Ensenada ein Ferien- und Kurhotel am Ufer des Llanquihue-Sees, der rings von einem ausgedehnten deutschstämmigen Siedlungsgebiet umgeben ist. Da gerade Ferienzeit war, war es voll belegt, und man hörte nur deutsche Laute und sah blonde Mädchen. Von dort ging es weiter nach Petrohue, dem kleinen Hafenort am Lago Todos los Santos, am Fuße des wohlgeformten Osorno-Vulkans. Hier führte auch die Route der amerikanischen Touristen vorbei, über den See nach dem benachbarten argentinischen Nahuel-Huapi-Nationalpark. (Auf den Postkartengrüßen nach USA hieß es dann: „We have made Nahuel Huapi".) Auch wir benutzten ein Motorboot, um nach einem Fundo überzusetzen, der nur vom See aus zu erreichen, mit einer Käserei von der aus der Schweiz stammenden Familie STUCKI betrieben wurde. Er liegt an einem Taleinschnitt, der zum Puntiacudo, dem „Matterhorn Chiles", hochzieht und an dessen Ende ein Gletscher liegt. Wir wurden außerordentlich freundlich aufgenommen und wieder mit Pferden zu einem Zeltplatz hochgeführt, der in der Nähe des Gletscherendes am Rande eines immergrünen „Lorbeerwaldes" lag. Wir kletterten über das Gletschervorfeld hoch bis zu einem dunklen Nadelwaldgürtel, der sich zwischen den immergrünen Laubwald und ein nach oben ausklingendes sommergrünes *Nothofagus*-Gebüsch schiebt. Es war ein alter, unberührter Bestand aus Alercen (*Fitzroya patagonica*), mit mächtigen und sehr hohen Bäumen. Wir standen vor den „Mammutbäumen des Südens", die den Sequoien des pazifischen Nordamerikas in ähnlicher (südlicher) Breitenlage entsprechen. Am Rand des Gletschers als Pionier im Moränenschutt blühte *Fuchsia magellanica*.

Unvergessen ist auch die Insel Chiloë, auf die wir von Puerto Montt aus übersetzten. In Castro trafen wir einen spanischen Chilenen, der uns einlud, ihn zu seinem Fundo auf der Westseite der Insel zu begleiten. Nur die Ostküste der Insel ist in einem schmalen Streifen besiedelt, der Rest der Insel ist (oder war?) von Urwald bedeckt, und die Westküste ist mit ihrer starken pazifischen Brandung siedlungsfeindlich. In der Nähe des Fundos gab es ausgedehnte und prächtige Moorlandschaften. Wieder überraschten uns die Ähnlichkeiten (Konvergenzen) mit europäischen Bildern. Die Torfmoospolster werden von den auch bei uns vorherrschenden *Sphagnum magellanicum* gebildet, aber, was wie *Drosera rotundifolia* aussieht, entpuppt sich als *Drosera uniflora*, und was mit roten Beeren wie unsere Moosbeere *Oxycoccus* über die Moospolster kriecht, ist die Ericacee *Gaultheria caespitosa*. Die Moorbulten werden von *Pernettya pumila* (auch einer Ericacee) und *Empetrum rubrum* gekrönt.

Wir drangen auf Chiloë bis zum südlichen Quellón vor, einem für die Insel typischen Pfahlbaudorf, dessen Häuser mit einem Teil auf festem Boden, mit dem anderen auf Pfählen in das Wasser hinausgebaut sind. Im einzigen „Gasthaus" des Dorfes schliefen wir in einer dunklen Kammer direkt über dem einschläfernd plätschernden Wasser. So mögen vielleicht auch die steinzeitlichen Menschen am Bodensee gehaust haben.

Im südlichen Chile, das landschaftlich, im Gegensatz zum „mediterranoiden" Mittelchile, einen mehr gemäßigten, mitteleuropäischen Eindruck macht, fesselten mich vor allem die Wiesen und Weiden, die fast ausschließlich aus einer verarmten europäischen Wiesenflora aufgebaut waren; mit einer immer gleichen, typisierbaren Artenkombination. Herrschend war die südwesteuropäische *Agrostis castellana*. Alle Versuche, die Wiesenstruktur mit landwirtschaftlich wertvolleren Arten anzureichern, waren gescheitert. Und sieht man einmal den französischen Glatthafer, so ist es gewiß *Arrhenatherum elatius* in der ssp. *bulbosum*, den man mehr ruderal vorkommend vor allem aus Westfrankreich kennt.

Bevor wir an die Rückkehr dachten, galt es, einiges nicht endgültig bestimmte Pflanzenmaterial in Santiago aufzuarbeiten. Der Deutsch-Chilene KAUSEL, ein weltbekannter Myrtaceen-Spezialist, von Beruf Zahnarzt, ließ ein vollbesetztes Wartezimmer sitzen, um mit mir Myrtaceen zu bestimmen! Der Mitarbeiter am Naturkundemuseum, Prof. MUÑOS, ein Gramineen-Spezialist, half mir bei der Identifikation einiger unklarer Gräsergruppen. Bei einer privaten Einladung, er war mit einer Österreicherin verheiratet, lernte ich seine drei kleinen Töchter kennen, die LUZULA, MELICA und NASELLA hießen. *Nasella*, zu deutsch das „Näschen", ist eine südamerikanische Gräser-Gattung.

Wir beschlossen endlich, noch eine Erkundungsreise von vier Wochen durch das tropische Südamerika zu machen. Im Flugzeug ging es durch die Nacht, das Lichtermeer von Lima zur Rechten, am Himmel die Mondsichel, die zunehmend die Schiffchenform annahm, in das heiß-dampfende Guayaquil (Ecuador), nahe dem Äquator gelegen. Mit einem bekannten Diesel-Expreß, der in den Spitzkehren umspannen muß, ging es steil die Anden hoch, wo sich uns nach den typischen Sumpf- und Dschungelwäldern der Tieflagen eine wohlgeformte, altindianische Kulturlandschaft erschloß. Wir machten Quartier in Riobamba, dann ging es mit einem Bummelzug weiter bis in Höhen von 3 600 m, wo die Indios ihre kleinen, aus Lamas, Schweinen und Ziegen gemischten Herden durch den Paramo trieben, nach Quito, der Hauptstadt von Ecuador! Endlich begann eine abenteuerliche Busfahrt, den Äquator querend nach Talcum, von wo wir weiter nach Columbien fuhren und wo dann in tieferen Lagen um von Negern bewohnte Siedlungen Bananen- und Zukkerrohr-Plantagen auftauchten. Durch Kaffee-Dörfer fuhr unser Bus im Slalom um die auf den Straßen zum Trocknen ausgebreiteten Kaffeebohnen weiter nach Popayan. Auf *Paspalum*-Weiden blühte *Ageratum*. In der Ferne standen baumhohe Bambusdickichte als Ersatzvegetation des Regenwaldes. Schließlich ging es mit einem überfüllten Zug, der an einer Station von Kreolen und Schwarzen, die vergeblich den Zug zu stürmen versuchten, mit Steinen beworfen wurde, weiter nach Cali – einer unerwartet riesigen Stadt, wo wir an einer deutschen Schule am Unterricht teilnehmen konnten. Hier trennten sich unsere Wege. SCHMITHÜSEN wollte noch HUECK in Merida besuchen und mit dem Flugzeug zurückfliegen. Ich beabsichtigte, mit dem Schiff von Caracas bzw. La Guaira aus wieder Europa zu erreichen. In Bogota hätte ich beinahe mein Anschlußflugzeug nach Caracas verpaßt. – Die Ausbeute dieser tropischen Andenreise war vor allem photographischer Art. SCHMITHÜSEN erzählte mir später, daß er mit seiner Diasammlung eine ganze Südamerika-Vorlesung bestritten hätte. – Auf meiner Schiffsrückreise gab es unter anderem einen Zwischenaufenthalt in Santa Cruz auf Teneriffa. Ich bekam einen ersten Eindruck von der faszinierenden Vegetation dieser Insel und beschloß wiederzukehren! Wieder sah ich Barcelona, aber dann in Neapel hieß es: Streik! Da dessen Ende nicht abzusehen war, beschloß ich mit anderen Passagieren, den Zug nach Genua zu benützen, da mich dort meine Frau erwartete. Aber als ich dort ankam, fand ich sie nicht im verabredeten Hotel. – Es war ihr zu teuer (sie ist auch schwäbischer Abstammung). Als endlich doch mein Schiff angezeigt wurde, konnte ich sie, die wartend die aussteigenden Passagiere musterte, vom Land herkommen überraschen. Wir machten noch Zwischenaufenthalte in Nervi und Como und fuhren mit dem Zug nach Freiburg, wohin mir meine Frau mit dem Wagen entgegengekommen war.

In Karlsruhe, es war inzwischen Mai 1958 geworden, galt es, sich wieder in den „Dienst" einzufinden. Mein Naturschutzreferat konnte ich an Herrn RITZI abgeben, der als Bezirksbeauftragter für Naturschutz und Landschaftspflege für Nordbaden bis zum Erreichen der Altersgrenze seines Amtes waltete. Er

Exkursion der Arbeitsgemeinschaft für forstliche Vegetationskunde Juli 1959 in Thüringen am Fundort der Flaumeiche (*Quercus pubescens*) bei Jena. Links E. O., hinten H. MEUSEL, B. ZÓLYOMI, G. HOFMANN, K. H. GROSSER, vorn Mitte H.-D. KRAUSCH (Foto: H. SCHLÜTER)

kannte schon aus der Zeit vor dem Kriege, als Assistent von Prof. AUERBACH, dem einstigen ehrenamtlichen Naturschutzbeauftragten Badens, die Probleme, die auf ihn zukamen. Sein Nachfolger wurde Konservator KNIPPER vom Überseemuseum Bremen. Meine Naturschutzarbeit fand aber insofern kein Ende, als ich später in den Beirat der Bundesanstalt für Naturschutz und Landschaftspflege mit jährlichen Reisen nach Bad Godesberg gewählt wurde und dann, schon pensioniert, noch einige Zeit in Freiburg dem Naturschutzbeirat des Regierungspräsidiums angehörte. Auch nahm ich meine Vorlesungs- und Exkursionstätigkeit in Freiburg wieder auf sowie meine Arbeit beim Naturwissenschaftlichen Verein. Die Bauarbeiten am Museum waren unter Mithilfe meines umsichtigen Vertreters JÖRG inzwischen weiter vorangekommen. Eine von uns seit 1956 bezogene Dienstwohnung im Sammlungsgebäude sollte nach eigener und

Exkursion der Arbeitsgemeinschaft für forstliche Vegetationskunde im Juni 1957 in Brandenburg. Von links E. O., TH. MÜLLER, A. SCAMONI, K. RUBNER (Foto: H. SCHLÜTER)

gemeinsamer Planung unseres zukünftigen Museums-Raumbedarfs wieder für den Hausmeister geräumt werden. Die Hardtwaldsiedlungsgenossenschaft bot uns erneut eine Wohnung in der ursprünglichen Hardtwaldsiedlung im Nordwesten von Karlsruhe an, die wir 1962 bezogen.

1962 war auch das Jahr, in dem ich zum Honorarprofessor der Forstlichen Fakultät in Freiburg ernannt wurde, gegen meinen Willen, vom Kollegen KÜHLWEIN (Karlsruhe) vermittelt. Er fand es merkwürdig, daß ich nach so langen Jahren der Ausübung meines Lehrauftrages noch nicht zum Professor ernannt worden sei und schrieb den Freiburger zuständigen Dekan der Forstfakultät an (der sich später bei mir für das Versäumnis entschuldigte).

Viel später, nach meiner Pensionierung, schrieb TÜXEN, wieder trotz meines Einspruchs, den Kollegen HABER an, um für mich

Polenexkursion der Internationalen Vereinigung für Vegetationskunde im Juni 1963 in der Augustower Heide nach der Durchquerung des „Elchmoores" mit Hilfe langer Stecken auf den Bohlenwegen: R. TÜXEN (links) mit E. O. brüderlich vereint, Foto: unbekannt

einen Ehrendoktor, der längst fällig sei, auszulösen (1978). Ganz ahnungslos erhielt ich im selben Jahr schließlich noch die Verdienstmedaille des Landes Baden-Württemberg, die SCHÖNNAMSGRUBER für mich beantragt hatte! Und die ich als unverbesserlicher Lokalpatriot gern entgegennahm.

Alle diese Jahre nach der Chile-Unternehmung waren erfüllt mit ergebnisreicher wissenschaftlicher Tätigkeit und der Teilnahme an zahlreichen Tagungen und Exkursionen. Etwas schwierig war die Tagung der Floristisch-soziologischen Arbeitsgemeinschaft im Frühsommer 1959 in Annweiler, als mein Schüler N. HAILER, inzwischen Forstrat in Annweiler, seine pflanzensoziologische Kartierung vorführte. O. H. VOLK (Würzburg) war anwesend, auch H. SCHLÜTER aus Jena. Immer ging es um das von mir seinerzeit formulierte und von HAILER aufgegriffene „Melampyro-Fagetum". Natürlich läßt sich trefflich darüber streiten, ob diese Gesellschaft als „Höhenform" des Luzulo-Fagetum oder als eigene territorial-zonale Assoziation aufgefaßt werden soll. Im Juli desselben Jahres hatten wir nochmal die Gelegenheit, mit der Arbeitsgemeinschaft für forstliche Vegetationskunde nach Thüringen zu fahren, wo SCHLÜTER eine schöne Exkursion an die Saale-Hänge bei Jena und in den Thüringer Wald ausrichtete. Schon zuvor (1957) waren wir zum ersten Male wieder im Osten gewesen, bei einer Tagung der Arbeitsgemeinschaft für forstliche Vegetationskunde, die SCAMONI in Eberswalde leitete. Bei einem reichen, streng eingehaltenen Exkursionsprogramm versuchte PASSARGE, uns im Spreewald im Schein des Vollmondes noch seine Erlenbruchwälder vorzuführen. Nach dem Mauerbau brachen fast alle kollegialen Kontakte ab. Noch einmal wurde ich 1967 von der dortigen Biologischen Gesellschaft zu einem internationalen Carpinion-Symposion eingeladen, wobei ich mit SCHLÜTER, SCAMONI und HARTMANN einen privaten Abstecher auf den Inselsberg unternahm. Auch gab es Kontakte im internationalen Rahmen, z. B., als die von TÜXEN als Sekretär der Internationalen Vereinigung für Vegetationskunde (deren Präsident der temperamentvolle Prof. LEBRUN aus Brüssel war) angeregte und vom Kollegen MATUSZKIEWICZ (Warschau) vorbildlich geführte Exkursion durch

Nord-Polen 1963 stattfand. Wir besuchten den Nationalpark von Bialowieza, Kieferndünen, die Birkenmoorlandschaft im Elchschutzgebiet von Grzedy. Es gab viel zu lernen. Mich fesselten vor allem die „Piceeten" und die *Betula humilis*-Gebüsche, zu denen ich in einer Festschrift für H. WALTER anläßlich dessen 65. Geburtstages eine kleine Arbeit schrieb (1964).

Beim Niederschreiben dieser Erinnerungen fällt mir immer wieder auf, wie sehr sich TÜXEN in der Nachkriegszeit ausschließlich auf die von ihm geführten oder angeregten Exkursionen beschränkte. Ich darf noch einmal auf die verzwickten persönlichen Beziehungen unter den führenden Pflanzensoziologen zurückkommen. TÜXEN nahm nie teil an den Tagungen der von F. K. HARTMANN (später GISELA JAHN) geleiteten Arbeitsgemeinschaft für forstliche Vegetations- und Standortskunde, er nahm auch nicht teil an den lehrreichen Exkursionen der Ostalpin-Dinarischen Gesellschaft, die von AICHINGER, PIGNATTI und jugoslawischen Autoren initiiert waren. Die Gründung dieser Gesellschaft entsprang dem Schisma TÜXEN-AICHINGER, sie sollte eine Sektion der Internationalen Vereinigung für Vegetationskunde sein! Umgekehrt nahmen natürlich viele Mitglieder der genannten Organisationen auch an TÜXEN-Tagungen teil! Aber TÜXEN hat sich mit seiner größeren Breitenwirkung gegenüber AICHINGER (dessen System der Vegetationsentwicklungs-Typen keine Schule machte) durchgesetzt. Ich habe beiden, die außerordentlich eindrucksvolle und originale Persönlichkeiten waren, die Treue gehalten. Auch H. WALTER (Hohenheim), der einstmals bei einem Kurs bei BRAUN-BLANQUET in Montpellier mitgearbeitet hatte, zog sich mehr und mehr von den Pflanzensoziologen zurück. Er war ein Ordinarius alten Schlages, und TÜXEN war für ihn nur ein promovierter Chemiker ohne höhere

---

Exkursion der Floristisch-soziologischen Arbeitsgemeinschaft 1960 in der Schwäbischen Alb. Oberes Bild: links TH. MÜLLER, Mitte R. TÜXEN, rechts E. O.; unteres Bild: links E. O., halbrechts R. TÜXEN, rechts TH. MÜLLER, davor EMILIA POLI (Fotos: H. SCHLÜTER)

botanische Weihen. Er war der klassischen ökologischen Pflanzengeographie verhaftet, und seine mehrbändige „Vegetation der Erde in ökologischer Betrachtung" bildet wohl den Abschluß einer berühmten Reihe pflanzengeographischer Handbücher! Auch ELLENBERGS „Vegetation Mitteleuropas", die er selbst mit angeregt hatte, stand er skeptisch gegenüber, sie enthielt ihm zu viele Tabellen! Und doch war dieses Buch, das 1963 erschien, ein Markstein in der Geschichte der Vegetationskunde. Ist es doch das Faszinierende der pflanzensoziologischen Methode, daß sie das „Gestalt-Wahrnehmen" mit der kausalen Fragestellung verknüpft.

Um den Kanaren-Plan zu verwirklichen, flogen wir im März 1960 und nochmals 1964 nach Teneriffa, mit Zwischenaufenthalten im marokkanischen Rabat und in Marrakech. 1960 machten wir in Puerto de la Cruz Quartier. Es war noch nicht die Zeit des großen Touristenrummels. Es gab noch keine „Hotelkästen". Wir waren privat bei einer Witwe WILDPRET (der inzwischen verstorbenen Tante des heutigen Botanikers an der Universität in La Laguna, eine bekannte Kanarische Botaniker-Familie) untergebracht und wurden in einem Hotel alter Jugendstil-Art verköstigt. Mit dem Bus fuhren wir zu den bekannten floristischen Glanzpunkten, die schon aus älterer Literatur bekannt waren (im Wechsel mit Herbar-, Ruhe- und Badetagen). Die pflanzensoziologische Methode bewährte sich auch hier. Ein kleines Abenteuer bedeutete die Überfahrt zur Insel Gomera nach San Sebastian. Ich weiß nicht, wie es dort heute aussieht. Damals gab es nur eine einzige kleine Pension mit einem romantischen Innenhof, auf den hin sich die Gastzimmer öffneten. Nur ein englisches Ehepaar, mit dem wir uns radebrechend verständigten, machte außer uns dort Quartier. Sie fanden die Unterkunft aber so unmöglich, daß sie abends die Flucht ergriffen und mit dem Motorboot nach Teneriffa zurückkehrten. So blieben wir als einzige Gäste. Mit einem Empfehlungsschreiben, das uns Frau Dr. KNECHT aus Freiburg, die schon einmal auf Gomera war, mitgegeben hatte, suchten wir den „Alcalde" auf, der uns einen Führer durch das hochgelegene, meist mit einer Wolkenhaube bedeckte Naturschutzgebiet in Aussicht stellte und uns anschließend noch feierlich zu einem „Drink" auf der Plaza einlud. Anderntags erschien ein netter Bursche namens AGOSTO. Ein Stück weit fuhren wir mit einem Taxi, dann ging es bergan zum Lorbeerwald, wo kleine Bächlein rauschten und die Amseln sangen. Die größte Überraschung war für mich der hochwaldartige Aufbau des Waldes, ein Hallenwald, ähnlich dem einheimischen Buchenwald, vielleicht 30 m hoch, von *Laurus azorica* gebildet! Sonst waren solche Lorbeerwälder meist nur verstümmelte oder verkrüppelte Buschwälder. Beim Picknick bei einer einsamen alten Kapelle wollte unser AGOSTO auf gar keinen Fall auf unser Essensangebot eingehen – „No me gusto", lieber hungerte er! Am Abend zurück, besuchten wir noch die Columbuskirche und fuhren gegen Mitternacht auf unserem alten Motorboot nach Santa Cruz (Teneriffa) zurück. 1964 nisteten wir uns (inzwischen waren in Puerto Hotelkästen entstanden) in einem spanischen Ferien-Bungalow in Bajamar ein und mieteten einen VW-Käfer. Wir kletterten auch hoch an den Hängen über Bajamar, wo wir auf abgelegene kleine primitive Eingeborenen(Guanchen)-Siedlungen stießen! Die Kinder liefen schreiend davon. Die Mütter suchten zu beruhigen: Hombres, Hombres, sind auch Menschen!

1962 war die Tagung der Deutschen Botanischen Gesellschaft in Karlsruhe, wo ich, neben KÜHLWEIN als Präsident, den Vizepräsidenten spielen durfte und Exkursionen zu führen hatte, zuletzt im Elsaß mit KAPP, GEISSERT und CARBIENER. Letztere mußten wir lange auf dem Champ du Feu warten lassen, da es durch ein ausgedehntes Essen nach französischer Art eine stundenlange Verzögerung gab – eine Panne, die mir sehr zu schaffen machte; auch verloren wir unseren Prof. HRUBY. Aber schließlich fand doch alles ein gutes Ende.

In diesem Jahr ging unsere Zweitälteste, HANNE, die den Limnologen ROLAND SCHRÖDER geheiratet hatte, mit diesem nach Pallanza am Lago Maggiore. ROLAND hatte mit seiner Frau als Mitarbeiterin eine Einladung an das dortige Istituto Idrobiologia Italiana erhalten, um seine Forschungsmethoden auch an den oberitalienischen Seen zu erproben. (Wir waren schon 1960 mit den jungen Leuten auf Elba gewesen.) Sie arbeiteten dort zwei

Jahre, was uns Gelegenheit gab, öfter dorthin zu fahren, meist außerhalb des Ferienrummels, im Frühsommer oder im Herbst, für mich eine Herausforderung, eine umfassende pflanzensoziologische Erkundung der insubrischen Vegetation in Angriff zu nehmen, nachdem ich schon zuvor Material am Gardasee und Comersee gesammelt hatte. In Zürich stellte uns 1963 ELLENBERG in großzügiger Weise sein Tabellenmaterial zur Mitverarbeitung für die insubrische Arbeit zur Verfügung.

1963 erhielt ich von Prof. BERGER-LANDEFELDT eine Einladung zu einer Gastvorlesung an der Technischen Universität Berlin. Wir besuchten das Botanische Museum, den Botanischen Garten und in Berlin-Dahlem auch den „ausgelagerten" preußischen Kulturbesitz, mit Rembrandts Goldhelm und der Nofretete-Büste mit dem um den Hals gelegten Blütenblätterkranz („Kette"). SUKOPP führte uns über die Pfaueninsel. 1964 nahm ich zunächst an TÜXENS Symposion in Stolzenau/Weser teil. Es war für mich die letzte Begegnung mit dem Ort an der Weser! Inzwischen nahte die Zurruhesetzung TÜXENS und die Vereinigung von TÜXENS Bundesanstalt für Vegetationskartierung mit der Bundesforschungsanstalt für Naturschutz in Bad Godesberg! Natürlich verließen ihn auch seine Mitarbeiter, LOHMEIER, TRAUTMANN, einschließlich des ganzen „Apparates", was TÜXEN als Verrat empfand! Aber er ließ sich nicht unterkriegen. Er hatte in Rinteln-Todenmann ein Haus gebaut und seine alte Arbeitsstelle für Pflanzensoziologie reaktiviert, bei der immer wieder nationale und internationale Kollegen einkehrten. Unterstützt wurde seine Arbeit (und seine Mitarbeiter) durch die Deutsche Forschungsgemeinschaft, mit tatkräftiger Beihilfe durch seine Schüler PREISING (der inzwischen Landesbeauftragter für Naturschutz und Landschaftspflege in Niedersachsen geworden war) und BUCHWALD (der Ordinarius für Landespflege in Hannover war). Wie vorher Stolzenau, so wurde jetzt auch Rinteln zu einem Mittelpunkt und „Wallfahrtsort" für einheimische und ausländische Pflanzensoziologen. Nach dem Tode TÜXENS hat die Stadt Rinteln (einst vorübergehend ein Universitätsstädtchen) einen REINHOLD-TÜXEN-Preis ausgesetzt, mit dem ich 1989 als Mitstreiter TÜXENS geehrt wurde. Die mit der

Verleihung verbundenen Tagungen führten mich auch später immer wieder nach Rinteln. –

In das Jahr 1964 fiel auch die Tagung der Deutschen Botanischen Gesellschaft in München. Meine Frau und ich machten Urlaub in Murnau, von wo aus wir Mittenwald mit den „Bukkelwiesen" oder den „Herzogenstand" erkundeten. Und wir waren schließlich in München, wo ich zum letzten Mal mit RUBNER zusammensaß. Abends fuhr ich in strömendem Regen die österreichischen Kollegen WIDDER und EHRENDORFER (Graz) an die Bahn, denen ich später nicht mehr persönlich begegnet bin. Anläßlich der Tagung hatte der Verlag Hanser alle an der Neubearbeitung des Hegi beteiligten Autoren zu einer Besprechung eingeladen. Nachdem bereits einiges besprochen war, erhob sich GAMS und ritt eine unerwartet scharfe Attacke gegen meine pflanzensoziologischen Einfügungen. Man solle doch dieses „dumme Zeug" weglassen! Bevor ich mich selbst zur Gegenwehr erhob, sprang schon MERXMÜLLER in die Bresche und setzte zu einer bemerkenswerten Verteidigung der Pflanzensoziologie an! Der Angriff war abgeschlagen! Später bei einer „ostalpin-dinarischen" Tagung in Obergurgl (1970), als ich aufgefordert wurde, im Bergsturzgelände am Ausgang des Ötztales die Diktion einer pflanzensoziologischen Aufnahme im Erico-Pinetum zu übernehmen, war GAMS erstaunlich mild und zurückhaltend gestimmt. In Obergurgl ging es um die Waldgrenzen im Hochgebirge, und ich steuerte zu diesem Thema einige instruktive Bilder aus den chilenischen Anden bei.

Es war auch 1964, als mich Prof. A. HOFMANN, BRAUN-BLANQUET-Schüler und Generalinspekteur des Forstwesens in Norditalien, den ich von anderen Exkursionen und Tagungen her gut kannte, aufforderte, zusammen mit ihm die problematischen Traubeneichenwälder des Nord-Apennin zu studieren. Durch seine Vermittlung standen uns jeweils im Wald gelegene Forstunterkünfte zur Verfügung. Zuerst steuerten wir, meine Frau und unsere Jüngste, RENATE, (die HOFMANNS Frau BRUNA ins Herz schloß) die Unterkunft in Sasello an, wo schon einmal der Schweizer FURRER auf Veranlassung HOFMANNS die eigentümlichen, an Serpentin gebundenen *Pinus pinaster*-Bestände aufs

Korn genommen hatte. Jetzt galt das Interesse weniger dieser „Sondergesellschaft", als vielmehr den umgebenden klimatisch bedingten Traubeneichenwäldern. Als landschaftsbeherrschend konnten wir, HOFMANN und ich, die wir meist gemeinsam – und daher sehr intensiv – die soziologischen Aufnahmen fertigten, einen Gesellschaftstypus erarbeiten, den wir „Physospermo-Quercetum petraeae" nannten und der mit *Carpinus betulus* zweifellos zum Carpinion-Verband gestellt werden konnte. Neben dem Relikt aus dem tertiären Laubwaldgürtel, *Physospermum cornubiense*, faszinierte die meist mit dieser Art vergesellschaftete *Anemone trifolia*, die ein wenig anders aussah als die *Anemone trifolia* der ostalpinen Fageten. Der Vergleich mit der portugiesischen *Anemone trifolia*, die mir PINTO DA SILVA zukommen ließ, ergab eine fast vollständige Identität mit der lusitanischen Art. Aber unser Ziel war, den gesamten Vegetationskomplex zu erfassen, auch die Sondergesellschaften feuchter Standorte, die Degradations- und Ersatzgesellschaften, also das „Sigmetum" zu erarbeiten, Begriffe, wie sie der geistreiche TÜXEN in seinen letzten Lebensjahren entwickelt hatte. – Allerdings hat sein Gedanke, die Sigmeten wiederum in ein höheres abstraktes System zu bringen, wenig Anklang gefunden!
1965 bezogen wir das in 1 410 m Höhe gelegene Forsthaus am 1 735 m hohen Monte Penna. Damit waren wir mitten in die Buchenstufe (Wolkenwaldstufe) geraten, die wir schon bei Sasello kennengelernt hatten und die im Nordapennin (je nach Exposition oder lokalem Relief) bei 800–1 000 m Höhe beginnt. Es empfing uns hier eine durchaus an heimatliche Bilder erinnernde, mitteleuropäische Vegetation, eine mitteleuropäische Überlagerung! Überraschend war nicht nur der Anblick des Buchenwaldes, der mit einem Maximum und Optimum von *Dentaria*-Arten (*D. bulbifera, polyphylla, pinnata pentaphyllos*) auch andere uns vertraute Buchenwaldbegleiter, wie Herden von Waldmeister, enthielt. Verblüffend war für mich auch die Vorwaldgesellschaft in Lichtlücken mit *Sambucus racemosa* und *Senecio fuchsii* (so nannten wir sie damals). Die *Dentaria*-Wälder wechselten mit trockener stehenden Hainsimsenbuchenwäldern mit *Luzula nivea* oder *Luzula pedemontana* (die unserer

Luzula luzuloides sehr nahe steht und taxonomisch wohl besser als deren Unterart geführt wird). An warmen Steilhängen schließlich sahen wir eine Buchenwaldgesellschaft, die unserem Carici-Fagetum entspricht! Es war also genau dieselbe Vergesellschaftung von Buchenwaldgesellschaften, wie wir sie auch bei uns in Mitteleuropa oder von den Balkangebirgen her kennen (Dentario-Fagetum s.l. oder Hordelymo-Fagetum im Wechsel mit Luzulo-Fagetum und Carici-Fageten!) Die Buchenbestände reichen bis nahe des Gipfels des Monte Penna, wo sie zuletzt in ein Knieholz übergehen oder von Legföhren-Beständen abgelöst werden. Ich darf das so ausführlich schildern, weil es mir von grundsätzlicher Bedeutung, auch im Blick auf das System der Fagion-Einheiten, zu sein scheint.

Entscheidende Erfahrungsfortschritte brachte mir auch das Erlebnis der wenigen Urwaldreste in Europa. Nachdem ich in Bialowieza, im Bayerischen Wald oder bei Oldenburg schon einiges gesehen hatte, gewann ich doch erst die entscheidenden Eindrücke durch die Exkursion mit der Ostalpin-Dinarischen Gesellschaft im Juli 1967, von Wien ausgehend, durch die Urwälder bei Lunz und 1969 in Bosnien! Bei Lunz führte uns ZUKRIGL durch die von ihm bearbeiteten Urwälder. Ich erlebte hier, wie später in Bosnien, wie solche Wälder, vor allem handelte es sich um Buchen-Weißtannen-Fichtenbestände, stets massereicher als vergleichbare „naturnahe" Forstbestände waren und daß die Bäume größere Wuchshöhen erreichten. Offenbar geht dem Wirtschaftswald (auch wenn er naturnah bewirtschaftet wird) durch die Holzentnahme doch ein wesentlicher Nährstoffvorrat der Standorte verloren! Die Wiener Exkursion blieb auch durch andere Eindrücke eine unvergessene Erfahrung. Wir lernten nicht nur den Wiener Wald, das Leithagebirge, den Neusiedler See, *Erica carnea*-reiche Schwarzkiefernwälder oder das Stuhleck mit seinen Vegetationszonen (mit *Soldanella montana* in den Piceeten), sondern auch den kulturellen Reichtum von Wien kennen. Eines Abends waren meine Frau und ich mit GISELA JAHN und GENSSLER bei HANNES MAYER eingeladen. Auch ein Heuriger in Grinzing fehlte nicht!

Nicht weniger starke Eindrücke hinterließ mir auch die 1969 durch Prof. FUKAREK (Sarajevo) hervorragend organisierte Exkursion der „Ostalpin-Dinarischen" Gesellschaft, die von Sarajevo ihren Ausgang nahm! An Sarajevo mit seinen vielen schönen Moscheen, seinem „multikulturellen" Flair kann man heute nur mit Trauer zurückdenken! Die Vorträge fanden im Naturhistorischen Museum statt, das, wie alle Museen der Jahrhundertwende, in einem historisierenden Stil erbaut aus der Habsburger Zeit stammte. FUKAREK, ein echter Bosnier, verstand sich schlecht mit seinem slowenischen Kollegen M. WRABER, der von Lubljana (Laibach) kam. Als WRABER seinen Vortrag in slowenischer Sprache halten wollte, bestand der Herr Präsident FUKAREK auf Serbokroatisch, worauf WRABER zu unserer Erleichterung erklärte, dann halte er den Vortrag in Deutsch! Wir besuchten ein Tannen-Fichtenwaldgebiet bei Borije, das mit seinen Beständen und seiner Artenkombination so sehr unserem heimatlichen Galio-Abietetum (Labkraut-Fichten-Tannenwald) glich, daß es unmittelbar diesem Typus angeschlossen werden kann. Den Höhepunkt bildete der Urwald von Perucica, den wir auf schmalem Pfad von der Waldgrenze bis in die Tieflagen durchwanderten. Nach den Legföhren querten wir zuerst einen Bergmischwald mit *Adenostyles* und *Cicerbita alpina*, der unserem Aceri-Fagetum glich, nur daß neben dem Bergahorn (*Acer pseudoplatanus*) noch *Acer heldreichii* mit den zerschlitzten Blättern stand. Bei einem Picknick inmitten des nachfolgenden Buchen-Tannen-Fichtenwaldes mit *Dentaria enneaphyllos*, den FUKAREK als Abieti-Fagetum illyricum beschrieben hatte, konnte AICHINGER nicht umhin zu fragen: „Ja, worin unterscheidet sich denn jetzt dieses Waldbild von unseren ostalpinen oder böhmischen Beständen? Wo sind denn die illyrischen Arten?" – Wir sahen sie dann nur am Pfad, in der Verlichtung und Störung: *Aremonia agrimonioides*, *Rhamnus alpina* u. a.! Eine kleine Flügelginster (*Genista sagittalis*)-Wiese inmitten des Waldes erinnerte mich stark an den Schwarzwald. Mit einem abendlichen rustikalen Essen mit Hammel am Spieß, mit Gesang und Musik und meiner Verbrüderung mit HORVATIC klang der Tag aus. Die gesamte Exkursion fand ihren Abschluß in Mostar (mit der noch heilen Brücke!). – Wir fuhren privat weiter nach Dubrovnik und der Küste entlang, wo wir in Split in einem Privatquartier am Fernsehgerät Zeuge der ersten Mondlandung wurden. Nach der Besichtigung der „Adelsberger Grotten" kehrten wir, wie verabredet, in Tarvis im Forsthäuschen bei A. HOFMANN ein, der uns am folgenden Tag sein Arbeitsgebiet, z. B. das „Anemone trifoliae-Fagetum" zeigte.

Nun nahte mit 1970 langsam die Zeit meiner Pensionierung. Wir dachten daran, wieder nach Freiburg zu ziehen, wo sich für uns die Möglichkeit, ein Eigenheim zu bauen, eröffnete. Schon zuvor (1966) hatten wir das Angebot eines mit der älteren Schwester meiner Frau (der „Tante MARTHA") befreundeten Architekten, uns an einem Ferienhausbau zu beteiligen, gerne angenommen. Sollte es doch in der Nähe unseres Arbeitsgebietes aus jungen Jahren, im Feldberggebiet bei Neuglashütten, liegen. Von dort aus konnte und wollte ich eine längst fällige Lücke im Rahmen unserer Vegetationskartierung, die des Meßtischblattes Feldberg, ausfüllen. Zwar war der „Blütentraum", den ganzen Landesteil Baden 1:25 000 vollflächig zu kartieren, ausgeträumt. Immerhin konnte die erste Phase der Konzeption, Musterblätter für die verschiedenen Vegetationslandschaften Badens zu erstellen, fast vollständig ausgeführt werden. G. PHILIPPI, der mir schon als Schüler bei der Kartierung des Stadtwaldes Freiburg geholfen hatte, konnte ich an die Botanische Abteilung unseres Museums locken. Er hat neben dem Karlsruher Hardtwald das Blatt Schwetzingen und das Taubergebiet kartiert. G. LANG arbeitete im westlichen Bodenseegebiet an der vegetationskundlichen Erforschung und Kartierung des Gebietes, nachdem er mit seiner Familie 1965 ein Jahr lang einer Einladung für pflanzensoziologische Studien nach Canberra (Australien) gefolgt war. H. BOGENSCHÜTZ, mein dritter Schwiegersohn, der von 1958–1962 in Göttingen war, kehrte mit seiner Familie als Assistent von Prof. WELLENSTEIN (Forstzoologe) (nach einer Zwischenstation in Bad Nauheim) nach Freiburg zurück. In seiner Göttinger Zeit, als meine Frau und ich einmal in Göttingen weilten, ergab sich bei einer abendlichen Einladung bei FIRBAS (Geobotanik) eine interessante Diskussion über die Pflanzensoziologie und über die Kritik, die MEUSEL seinerzeit an TÜXEN und unserer Arbeit geübt hatte. Er hat uns pflanzengeographischen Formalismus vorgeworfen, aber FIRBAS meinte, MEUSEL säße selber „im Glashaus" mit seinen komplizierten arealgeographischen Begriffen! Und wenn ich weiter von meiner Familie erzählen darf: R. SCHRÖDER war mit unserer HANNE aus Italien auch an den Bodensee zurückgekehrt, um im Rahmen der heutigen „Landesanstalt für Umweltschutz" am Untersee zu arbeiten. – Unsere Zweitjüngste, ILSE, war Kindergärtnerin und Goldschmiedin geworden und hatte 1966 geheiratet! Als das vierte Mädele zur Welt kam, sagte sie am Telefon: „Papa, dein Schicksal". Trotzdem hat die Natur das biologische Gleichgewicht wieder hergestellt. Von unseren vierzehn Enkelkindern sind sieben weiblichen und sieben männlichen Geschlechts. Die Jüngste, RENATE, die schon in Sasello dabei war, studierte Theologie, Philosophie, Sport und zusätzlich Germanistik, zuletzt, wegen Ernst BLOCH, in Tübingen. Mit ihrem zum Engagement neigenden Naturell geriet sie 1968 als Schülerin des marxistisch angehauchten Theologen MOLTMANN voll in das Fahrwasser der „Apo"-Bewegung. Zu Hause gab es hitzige Diskussionen! Und eines Tages erhielten wir Eltern den Anruf: „Ich bin soeben als Vertreterin des SDS in den großen Senat der Universität Tübingen gewählt worden. Ihr könnt stolz auf mich sein." – Sie war immer sehr anhänglich und ist heute, wie man so sagt, „wohlbestallte" Oberstudienrätin. Im Jahr meiner Zurruhesetzung 1970, das ich noch in Karlsruhe verbrachte, erhielt ich in meinem Ruhestandszimmer im Museum einen etwas skurrilen Besuch. In Karlsruhe fand gerade eine Soziologen-Tagung statt. Ein namhafter Teilnehmer (dessen Namen ich vergessen habe) bemühte sich zu mir, um sich über die Usurpation des alten, auf die menschliche Gesellschaft bezogenen Soziologie-Begriffs durch uns Biologen zu beschweren. Das sei doch eine Anmaßung und ein Skandal! Ich weiß nicht mehr, wie ich damals argumentiert habe. Aber gehört nicht zu den Grundstrukturen der Vergesellschaftung aller Lebewesen, auch der menschlichen, das Verdrängen und Verdrängtwerden, das Dulden und Nichtgeduldetwerden, die Harmonie und die

Die Familie zum 80. Geburtstag von Frau KLÄRE OBERDORFER im Dezember 1983; hinten stehend die Töchter (von links): URSEL, RENATE, TRUDI, HANNE, ILSE, Foto: H. BOGENSCHÜTZ

Disharmonie, die Abhängigkeit von der inneren und äußeren Umwelt?
Wir zogen also 1971 nach Freiburg. Dort nahm ich meinen Lehrauftrag noch bis 1974 wahr. Auch kartierte ich von Neuglashütten aus das Feldberggebiet. Unser Haus dort hat übrigens manche bekannten Soziologen gesehen. F. K. HARTMANN hielt nach einem gemeinsamen Feldbergbesuch, noch im Jahre vor seinem Tode, seine mittägliche Siesta bei uns. GISELA JAHN war mehrfach zu Besuch, ebenso einmal ihre Schwester mit Familie. Als wir SEIBERT in der Hütte seiner Familie bei Menzenschwand besuchten, kam er nach einer Kartierungsexkursion mit dem gerade als Gast bei ihm weilenden deutsch-argentinischen Botaniker BOELKE zum Abschluß auch nach Neuglashütten! Zuletzt, nach der „Wende", war ein paarmal Familie SCHLÜTER (Jena) zu Gast.

Die wissenschaftliche Arbeit des Ruhe-Standes wurde vor allem durch eine Neuauflage der „Süddeutschen Pflanzengesellschaften" bestimmt. Das Buch von 1957 war längst vergriffen. Verlag und Mitarbeiter drängten mich schon in Karlsruhe Ende der sechziger Jahre, das Buch auf den neuesten Stand zu bringen. Ich zögerte, zumal man im fortgeschrittenen Alter nicht mehr weiß, welches Maß an Zeit und Kraft einem noch zugemessen ist. Ich ließ mich schließlich auf eine Mitarbeitergruppe ein (TH. MÜLLER, PHILIPPI, S. GÖRS, SEIBERT, KORNECK u. a.), da mir dies die sicherste Gewähr dafür schien, eine Neuauflage wirklich zu Ende zu führen und mir auch versichert wurde, man würde sich „nach meinen Intentionen richten". Daraus erwuchsen aber für mich doch einige Schwierigkeiten. Einmal in der Verteilung der Vegetationseinheiten auf die verschiedenen Mitarbeiter, zumal ich späterhin doch noch genug Kraft und Lust in mir fühlte, das eine oder andere selbst zu übernehmen; außerdem erwies sich meine „Richtlinienkompetenz" als Illusion! So ist aus meiner Sicht nicht alles so gelungen, wie ich es mir vorgestellt hatte. Negativ mag man die Darstellung verschiedener Meinungen empfinden. Heilsam mag es andererseits auch sein, daß hierin die „Unschärfe" jeder Systematik zum Bewußtsein kommt, deren Güte (Qualität) auch durch ihre „Brauchbarkeit" mitbestimmt wird. Die Feldbergkarte 1:25 000 konnte fertiggestellt und Neuauflagen der Exkursionsflora vorbereitet werden. Einige weitere Reisen führten aber nicht mehr zu intensiven, monographischen Bearbeitungen, nur zu einer Art von „Essays" über Erscheinungen, die gewissermaßen am Wege lagen (Trittgesellschaften, Ruderalfluren, Gebüsche und Schleiergesellschaften) mit einigen allgemeinen Ausblicken auf die pflanzensoziologischen Vegetationsstrukturen (z. B. einem Versuch einer synsystematischen Übersicht der Trittpflanzengesellschaften) dieser Erde.

Wir (immer auch meine Frau) besuchten 1973 Sizilien, 1974 Madeira, und 1977 unternahmen wir auf Einladung von Freunden in Honolulu sowie von MIYAWAKI in Yokohama eine Weltreise: Sie führte uns zunächst mit einer zehntägigen Gruppenreise durch das östliche Nordamerika von Toronto bis Washington mit lebhaften Eindrücken von den Sommerwaldgebieten des Kontinents, den Wäldern und ihren Ersatzgesellschaften. Drei Wochen auf Oahu (Hawaii) gaben uns, unter Mithilfe des dortigen Geobotanikers MÜLLER-DOMBOIS, einen Einblick in die tropische Vegetation der Insel, wobei mich vor allem wieder das Mosaik der Ersatzgesellschaften, des saison-trockenen Trockenwaldes und des Regenwaldes der höheren Lagen, faszinierte. Ich lernte im Bishop-Museum (neben Dr. VAN ROYEN) den bekannten amerikanischen Botaniker ST. JOHN kennen, der mir einige Pflanzen bestimmte. Mit dem bekannten Hawaii-Floristen, dem deutschstämmigen DEGENER, hatte ich nur telefonisch Kontakt!

Japan (14 Tage) haben wir, gastlich aufgenommen durch MIYAWAKI, sehr intensiv erlebt. Ich mußte, kaum und zeitverschiebungsmüde angekommen, sofort einen Vortrag mit anschließendem japanischen Mensa-Essen (mit Stäbchen) absolvieren. In einer Pension in Hakone wurden wir, unter japanischen Gästen die einzigen Europäer, ein Wochenende uns selbst überlassen! Als Museumsmann hat mir und besonders auch meiner Frau dort das Vulkanmuseum (mit imitierten Vulkanausbrüchen) einen tiefen Eindruck gemacht; unvergessen sind auch die Anlagen des Mejischreines in Tokio. Viele, die uns führten, kannten wir schon aus Rinteln: OKUDA, INOUE, SHINODA oder JUKO. MIYAWAKIS Assistent NAKAMURA (der mich 1986 mit seiner jungen Frau in Freiburg besuchte) fuhr uns am Fujiyama durch alle Waldzonen bis zur Waldgrenze hoch (*Larix leptolepis*-Knieholz bei 2400 m). Besonders eindrucksvoll waren mir die *Fagus crenata-Abies firma*-Bestände, die uns in ihrem Bild an die Tannen-Buchenstufe des Schwarzwaldes erinnerten. Über das gerade mit einer ersten Schneedecke überzuckerte Sibirien flogen wir, mit Zwischenlandung in Moskau, nach Frankfurt zurück!

An letzten Tagungen und Exkursionen mit der Ostalpin-Dinarischen Gesellschaft nahmen wir 1972 im Trentino mit PEDROTTI teil, wo der alte FURRER (Schweiz) seine uns sehr anrührende Schlußansprache hielt; ferner 1976 in Lienz mit ERICA und S. PIGNATTI (wo ich AICHINGER und A. HOFMANN zum letzten Mal begegnete). Ein letztes Mal sahen wir auch BRAUN-BLAN-

Frau KLÄRE OBERDORFER mit J. BRAUN-BLANQUET vor dessen Anwesen und Arbeitsstelle beim letzten gemeinsamen Besuch dort im Oktober 1972 mit einer vom Gastgeber als Abschiedsgeschenk geschnittenen Weintraube in der Hand (Foto: E. O.)

QUET bei einem Besuch 1972 in Montpellier. Ein Nußbaum in unserem Garten, aus einer von Südfrankreich mitgebrachten Walnuß gezogen, erinnert noch heute an dieses Unternehmen. Eine Mittelmeerkreuzfahrt 1979 mit Zwischenaufenthalten in Ägypten, Israel, Athen und (wieder) Dubrovnik vermittelte uns einen kleinen Einblick in Kultur, Landschaft und mir auch in die Vegetationsstrukturen des Nahen Ostens. – Auf allen diesen Unternehmungen konnte ich natürlich, wie immer, nicht umhin, einige Pflanzen zu sammeln oder ein paar pflanzensoziologische Aufnahmen zu machen.

1984 benutzten wir die Gelegenheit einer Gruppenreise nach Island, um noch einen kleinen Eindruck von der arktischen Landschaft und ihrer Vegetationswelt mit den *Betula tortuosa*-Gebüschen und den arktischen Elyneten zu gewinnen. Aus Anlaß der Feier zu meinem 85. Geburtstag (1990) hatte ich Gelegenheit, eine illustre Gesellschaft, zu der sich auch Freunde aus dem Ausland, wie HÜBL und GRABHERR aus Wien oder WESTHOFF aus den Niederlanden einfanden, an meinen botanischen „Hausberg", den Schönberg bei Freiburg, zu führen. Herr Kollege BRAUN vom Forstbotanischen Institut ehrte mich aus dem selben Anlaß mit der Einrichtung einer Anlage mit charakteristischen einheimischen Gebüschen („Fruticetum") im Lehrgarten des Institutes.

Im Juli dieses Jahres (1990) war es mir vergönnt, zum dritten Mal seit 1951 (damals noch mit R. TÜXEN) eine Jahrestagung der Floristisch-soziologischen Arbeitsgemeinschaft in Freiburg, deren Vorsitz inzwischen von ELLENBERG (seit 1970) auf DIERSCHKE übergegangen war, mit einem einführenden Vortrag zu unterhalten.

In den letzten Jahren vor dem Ableben meiner Frau (1986) ergab sich noch ein herzliches Miteinander mit Herrn Dr. med. RASBACH (ehem. Chef des Kurhauses Glotterbad = „Schwarzwaldklinik"), der uns ärztlich begleitete, und seiner Frau, die auch für einige meiner letzten Arbeiten ihre schönen Bilder beisteuerten, ebenso wie mit Herrn Dr. TREPP (Forstingenieur und Pflanzensoziologe in Chur) und seiner Familie. Er zeigte uns seine Arbeitsgebiete in der Umgebung von Chur. Wir konnten

E. O. als Exkursionsführer am „Felsenweg" im Feldberggebiet (Schwarzwald). Juni 1992 (Foto: J. Schlüter)

Herrn und Frau TREPP Freiburg zeigen und mit dem Stützpunkt in Neuglashütten auch einiges Vegetationskundliche im Südschwarzwald.

Zwar konnte ich noch zwei Auflagen (zuletzt 1994) meiner „Exkursionsflora" neu bearbeiten. Aber wenn auch jeder Spaziergang neue Einsichten vermittelt, ein expansives Forschen und Ausarbeiten war nicht mehr gegeben. „Alles hat seine Zeit" (Prediger 3, Vers 1). Und zuletzt bleibt nur das Faustwort von Goethe:

> „Geheimnisvoll am lichten Tag
> Läßt sich Natur des Schleiers nicht berauben,
> Und was sie Dir nicht offenbaren mag,
> Das zwingst Du ihr nicht ab mit Hebeln und mit Schrauben."

Die alten, leidenschaftlich mit mir lebenden Geobotaniker waren fast alle verstorben (BRAUN-BLANQUET, TÜXEN, AICHINGER, SCHWICKERATH, TREPP, SCHLENKER, HARTMANN, MÜLLER-STOLL, SLEUMER, HUECK, A. HOFMANN und viele andere). Vereinsamt und allein gelassen blickt man etwas verwirrt den Weiter-Lebenden und Weiter-Forschenden nach. Der Nachlebende sinnt den schönen Zeiten mit Frau und Kindern dankbar nach und wundert sich ein wenig, daß man so heil und unbeschadet durch dieses so chaotische Jahrhundert gekommen ist. Es muß einen Gott geben!

15. 1. 43: *So warst Du durch die Nacht getragen*
Von unsichtbaren Händen – wie ein Flügelschlag.
Du möchtest jubeln, möchtest zagen.
Im Osten dämmert schon der Tag.

P.S. Danksagung: Ohne das Drängen von Herrn Prof. REIF (Freiburg) und Herrn Prof. PHILIPPI (Karlsruhe) wäre dieses Scriptum nicht entstanden! Auch habe ich Frau S. MARKERT herzlich zu danken, die mit so viel Eifer und Geduld mein Handgeschriebenes in den Computer eingab! Großen Dank schulde ich schließlich Frau Dr. Johanna SCHLÜTER und ihrem Mann, Dr. Heinz SCHLÜTER, die einer Drucklegung des ursprünglich nur befreundeten Kollegen sowie der Familie zugedachten Entwurfes das Wort redeten und sich um die Aufbereitung des Manuskriptes für den Druck viel Mühe und Arbeit machten.

Mai 1995   Erich Oberdorfer

Süddeutsche Pflanzengesellschaften

In 4 Teilen.

Herausgegeben von Prof. Dr. Dr. Erich OBERDORFER, Freiburg i. Br.

Teil I: Fels- und Mauergesellschaften, alpine Fluren, Wasser-, Verlandungs- und Moorgesellschaften
Bearbeitet von 8 Fachwissenschaftlern.
3. Aufl. 1992. 314 S., 6 Abb., 75 Tab., kt. DM 72,-
ISBN 3-334-60416-0

Teil II: Sand- und Trockenrasen, Heide- und Borstgrasgesellschaften, alpine Magerrasen, Saum-Gesellschaften, Schlag- und Hochstauden-Fluren
Bearbeitet von D. Korneck, Th. Müller und E. Oberdorfer.
3. Aufl. 1993. 355 S., 7 Abb., 62 Tab., kt. DM 78,-
ISBN 3-334-60435-7

Teil III: Wirtschaftswiesen und Unkrautgesellschaften
Bearbeitet von Th. Müller und E. Oberdorfer.
3. Aufl. 1993. 455 S., 7 Abb., 101 Tab., kt. DM 88,-
ISBN 3-334-60436-5

Teil IV: Wälder und Gebüsche
Bearbeitet von Th. Müller, E. Oberdorfer und P. Seibert.
Mit Unterstützung der Stiftung Naturschutzfonds Baden-Württemberg
2., stark bearb. Aufl. 1992. In 2 Teilen. A. Textband, B. Tabellenband.
862 S., 3 Abb., 104 Tab., kt. DM 108,-
ISBN 3-334-60385-7

Vorzugspreis bei Abnahme der Teile I bis IV: DM 320,-
Gesamt-ISBN: 3-334-60417-9